**rowohlts monographien
begründet von Kurt Kusenberg
herausgegeben
von Wolfgang Müller und Uwe Naumann**

William Faulkner

mit Selbstzeugnissen
und Bilddokumenten
dargestellt von
Peter Nicolaisen

Rowohlt

Dieser Band wurde eigens für «rowohlts monographien» geschrieben
Den Anhang besorgte der Autor
Herausgeber: Kurt und Beate Kusenberg
Assistenz: Erika Ahlers
Schlußredaktion: K. A. Eberle
Umschlagentwurf: Werner Rebhuhn
Vorderseite: William Faulkner. Fotografie aus dem Jahre 1956
Rückseite: Die Verleihungsurkunde für den Nobelpreis
(Beide Fotos aus: William Faulkner, «The Cofield Collection»)

Veröffentlicht im Rowohlt Taschenbuch Verlag,
Reinbek bei Hamburg, November 1981
Copyright © 1981 by Rowohlt Taschenbuch Verlag,
Reinbek bei Hamburg
Alle Rechte an dieser Ausgabe vorbehalten
Satz Times (Linotron 404)
Gesamtherstellung Clausen & Bosse, Leck
Printed in Germany
ISBN 3 499 50300 X

4. Auflage Februar 2004

Inhalt

William Faulkner, 1931

Vorwort

William Faulkner hat sich zeit seines Lebens entschieden gegen jede Form biographischer Neugierde zur Wehr gesetzt. *Es ist mein ganzer Ehrgeiz, als Privatmann aus der Zeitgeschichte getilgt und für nichtig erklärt zu werden und sie ohne Spur zu verlassen, ohne andern Abfall als die gedruckten Bücher.* [...] *Es ist meine Absicht, und dafür scheue ich keine Mühe, daß Summe und Werdegang meines Lebens, die im gleichen Satz auch mein Nachruf und meine Grabschrift sind, dies beides sein soll: Er machte die Bücher, und er starb.*[1]* Als ihm eine große Illustrierte für eine Bildgeschichte über sein Leben in Oxford/Mississippi ein Honorar von 5000 Dollar anbot, telegrafierte er zurück, daß er es vorziehe, das Geld selbst zu zahlen, wenn die Zeitschrift auf ihr Vorhaben verzichte. *Ich habe mich vorsätzlich in diese kleine, weltfremde, fast primitive Stadt vergraben, um mich fernzuhalten, so daß mich Zeitungsmenschen nicht bemerken und sich an mich erinnern.*[2]

Kaum einer der großen Romanschriftsteller unseres Jahrhunderts war so öffentlichkeitsscheu, kaum einer hat so beharrlich geschwiegen wie Faulkner, wenn es um seine private Person ging. *Ich setze mich mit Zähnen und Klauen für meinen lebenslänglichen Ehrgeiz ein, das letzte private Individuum auf dieser Erde zu sein*[3], schrieb er, und er bestand auf dem Gedanken, *daß nur die Werke eines Schriftstellers der Öffentlichkeit gehören, weil der Autor sie zur Veröffentlichung vorgelegt und Geld für sie angenommen hat* [...]. *Aber solange der Schriftsteller kein Verbrechen begangen hat oder sich um ein öffentliches Amt bemüht, gehört sein Privatleben ihm.*[4]

Um sich vor der Zudringlichkeit der Welt zu schützen, entwickelte Faulkner Strategien, die ihrerseits wieder Legende geworden sind. Viele Jahre seines Lebens verbrachte er in nahezu völliger Abgeschiedenheit. Er errichtete Mauern, die ihn nicht nur im bildlichen Sinne dem Blick der Öffentlichkeit entzogen, und hüllte sich in Schweigen, wann und wo er nur konnte. Um unerwünschte Besucher fernzuhalten, pflügte er die Auffahrt zu seinem Hause um. Wütend reagierte er auf die Bitte, Angaben zu

---

* Hochgestellte Ziffern verweisen auf die Anmerkungen im Anhang. Auslassungen durch den Verf. sind mit [...] gekennzeichnet.

seiner Person zu machen, nachdem eine Zeitschrift eine seiner Kurzgeschichten akzeptiert hatte: *Freue mich über das gute Honorar für die Geschichte. [...] Wegen des Biographischen: sag den Lumpen gar nichts. [...] Sag ihnen, ich sei eine Kreuzung zwischen einem Alligator und einem Negersklaven, vor zwei Jahren auf der Genfer Friedenskonferenz zur Welt gekommen. Oder was Du ihnen sonst erzählen möchtest.*[5] Als er dies schrieb, war er eben über dreißig Jahre alt. Gelegentlich suchte er Zuflucht in der Maskerade, häufiger im Alkohol. Er posierte als verwundeter Fliegerheld, als barfüßiger Vagabund, als Herrenreiter. Eine Rolle, die er besonders liebte, war die des einfachen Landmanns und Farmers. Ein Selbstporträt, auf der Rückseite eines Manuskriptbogens gezeichnet, zeigt ihn in der Gestalt eines Fauns, der auf der Panflöte spielt.[6]

Ob spielerisch verkleidet oder unverhüllt vorgetragen, seine Abneigung gegen unbefugte Neugierde hat bewirkt, daß der biographische Zugriff auf den Menschen William Faulkner nach wie vor schwierig bleibt. Muß man nach einer psychologischen Erklärung suchen, um Faulkners Haltung zu verstehen? Noch in einem späten Aufsatz beklagt er den Verlust von *privacy* als eines der größten Übel unserer Zeit und macht die öffentliche Neugierde verantwortlich für die Zerstörung des *amerikanischen Traums*, der einst darin bestanden habe, *dem einzelnen, individuellen Menschen eine Freistatt auf dieser Erde* zu gewähren.[7] Das Plädoyer für den Schutz des privaten Bereichs ist nicht zuletzt ein Plädoyer für die Würde des Individuums.

In der folgenden Darstellung wird häufiger vom Autor William Faulkner und seinem erzählerischen Werk die Rede sein als von seiner privaten Person. Wohl geben die Selbstzeugnisse gelegentlich einen Blick auf den Menschen Faulkner frei; ihnen nachzugehen heißt aber vor allem, die Geschichte des Werkes zu verfolgen. Diese Absicht hat den Aufbau des vorliegenden Bandes bestimmt. Die verschiedenen Phasen im Schaffen Faulkners markieren die wesentlichen Einschnitte; nur die Kapitel über seine Tätigkeit in Hollywood und seine Kurzgeschichten weichen von diesem Gliederungsprinzip ab. Im übrigen stützt sich der Band durchweg auf die große, von Joseph Blotner verfaßte Biographie, orientiert sich aber auch an der sorgfältigen Chronologie von Leben und Werk, die Michel Gresset vorgelegt hat. Weitere Literatur ist im Anhang genannt. Sie hat an vielen Stellen einen Weg gewiesen, der Faulkners Welt zu erschließen hilft.

Herkunft, Kindheit, Jugend

Der Name ist «Falkner». Mein Urgroßvater, dessen Namen ich trage, war zu seiner Zeit und in seinem provinziellen Milieu ein angesehener Mann. Er war das Urbild des John Sartoris: das zweite Mississippi-Infanterie-Regiment, 1861–1862, wurde von ihm aufgestellt, organisiert, entlöhnt und befehligt. [...] *Er hat in unserem Bezirk die erste Eisenbahn gebaut, schrieb ein paar Bücher, machte die große Europareise seiner Zeit und starb beim Duell: der Bezirk errichtete ihm ein Marmorstandbild, das noch heute in Tippah County steht. Der Ort unserer Herkunft ist auf größeren Landkarten ersichtlich: ein Weiler namens Falkner, gleich unterhalb der Grenze von Tennessee und an seiner Eisenbahnlinie gelegen.* Über den Namen heißt es weiter: *Meine erste Erinnerung an den Namen bestand darin, daß ihn anscheinend kein Außenstehender aussprechen konnte, wenn er ihn las, und wenn er ihn dann doch einmal aussprach, schrieb er immer ein «u» hinein.* [...] *Insgeheim war ich vielleicht ehrgeizig, als ich anfing zu schreiben, obwohl ich damals glaubte, zu meinem Vergnügen zu schreiben, und ich wollte nicht auf den Rockschößen meines Großvaters segeln und nahm daher das «u» an, freute mich über eine so leichte Art, selbständig zu werden.*[8]

Faulkner «dehnt» in diesem Bericht die Wahrheit ein wenig, wie Mark Twain sagt, aber er hält sich im wesentlichen an die Fakten. Seine Vorfahren waren im 18. Jahrhundert aus Schottland in den Süden Amerikas ausgewandert; der Urgroßvater, William Clark Falkner, ließ sich um 1845 in der kleinen Ortschaft Ripley im Norden von Mississippi nieder. Sein abenteuerliches, erfolgreiches, bisweilen auch gewalttätiges Leben beschreibt Faulkner in den Romanen *Sartoris* und *Die Unbesiegten*, und die erwähnte Eisenbahnlinie beschäftigt die Phantasie des Erzählers ebenso wie die militärische Laufbahn des «Old Colonel» im Krieg der Südstaaten gegen die Nordstaaten. In *Sartoris* heißt es über das ihm gesetzte Denkmal: *Er stand auf einem steinernen Postament, in seinem Gehrock, barhäuptig, ein Bein leicht vorgestellt und eine Hand leicht ruhend auf dem Pfeiler neben ihm. Der Kopf war ein wenig erhoben, in jenem hochmütigen Stolz, der mit verhängnisvoller Regelmäßigkeit von Generation zu Generation wiederkehrte, den Rücken der Welt zugekehrt und aus gemeißelten Augen über das Tal schauend, wo seine Eisenbahn lief* [...].[9] Faulkner war stolz auf diesen Vorfahren, dessen Leben und Taten in der Familie durch oft erzählte Geschichten in der Erinnerung wachgehalten wurden.

Kannte er den Urgroßvater nur aus Erzählungen, so war ihm die Gestalt seines Großvaters John Wesley Thompson Falkner aus seiner Kindheit und Jugendzeit wohlvertraut. Die Familie der Falkners lebte in engem Miteinander, räumlich kaum voneinander getrennt und eingebettet in gemeinsame Beziehungen, die nicht nur bei festlichen Anlässen, sondern im täglichen Umgang gepflegt wurden. John W. T. Falkner war eine nicht minder farbige Figur als sein Vater. Als Jurist, Politiker, Geschäftsmann und Bankier war er einer der prominenten Bürger von Oxford/Mississippi; neben der väterlichen Eisenbahnlinie gehörten zu seinem Erbe freilich ebenso eine Neigung zur Gewalttätigkeit wie vor allem die Liebe

Das Denkmal des Colonel Falkner auf dem Friedhof in Ripley/Mississippi

*Colonel
William Clark
Falkner,
der Urgroßvater*

zum Alkohol. Der «Young Colonel», wie er oft genannt wurde, war ein seine Umgebung beherrschender Mann und stand trotz seines exzessiven Lebens in hohem Ansehen. Viele Jahre hindurch bildete sein Haus den Mittelpunkt der Familie.

Sein Sohn Murry Cuthbert Falkner, der Vater des Erzählers, wurde im Jahre 1870 geboren. Sein Leben hat wenig von dem Glanz seiner Vorfahren; offenbar stand er ganz im Schatten seines Vaters. Bei seinen verschiedenen geschäftlichen Unternehmungen, die er, oftmals mit väterlicher Unterstützung, begann – unter anderem betrieb er eine Mühle zur Herstellung von Öl aus Baumwollsamen, eine kleine Eisfabrik, eine Lohnkutscherei und einen Eisenwarenhandel –, hatte er kaum Erfolg; schließlich fand er eine Stellung in der Verwaltung der Universität von Mississip-

Die Großeltern väterlicherseits: John Wesley Thompson Falkner und seine Frau Sallie Murry

pi in Oxford. Kurz nach seiner Heirat mit Maud Butler, der Tochter eines durch den Bürgerkrieg wirtschaftlich ruinierten Mannes, der seine Frau und seine Familie verlassen hatte, zog er, damals noch im Dienst der väterlichen Eisenbahnlinie, nach New Albany im Norden von Mississippi. Dort wurde William Cuthbert Faulkner am 25. September 1897 geboren. Schon ein Jahr darauf übersiedelte die junge Familie nach Ripley, wenig später, als das Eisenbahnunternehmen verkauft wurde, wieder zurück nach Oxford.

In den Jahren der Kindheit und Jugend Faulkners war Oxford ein kleiner Ort mit weniger als 2000 Einwohnern. Im tiefen Süden der Vereinigten Staaten gelegen, Mittelpunkt und Sitz des Distrikts Lafayette, lebte die Stadt vorwiegend vom Handel mit den Farmern aus der näheren Umgebung, deren Baumwollfelder sich in der umliegenden flachhügeligen Landschaft ausdehnten. Lafayette wurde zum Vorbild von *Yoknapatawpha County (alleiniger Besitzer und Eigentümer: William Faulkner*, wie es auf der vom Autor in *Absalom, Absalom!* gezeichneten Landkarte heißt[10]), Oxford erscheint unter dem Namen *Jefferson*. Faulkner hat immer wieder den rechteckigen Marktplatz (*the Square*) mit dem Gerichts- und Verwaltungsgebäude und den einmündenden Straßen beschrieben:

Die Anhöhe verflachte sich zu dem Plateau, auf dem die eigentliche Stadt vor dreihundert Jahren und noch etwas früher erbaut worden war, und die Straße wurde nun entschieden städtisch mit Garagen und kleinen Läden, mit hemdsärmeligen Kaufleuten und Kunden; da war das Kino mit seinem mit buntem Leben beklebten Eingang [...]. Dann kam der Platz mit seinem ununterbrochenen niedrigen Umriß alter verwitterter Backstein-Gebäude, mit verbleichenden Namen vergangener Familien, Namen, die gleichwohl unter der abblätternden Farbe ausdauerten. Auf dem Platz bummelten Neger herum, beide Geschlechter in unbestimmter und schlechtsitzender Warenhaus-Kleidung, auch Leute vom Lande, gelegentlich in Khaki; und die lebhafteren Städter, mit ihren freundlich kauenden Mienen, unhastig in ihrem Gehaben untereinander und mit den Männern, die schief auf ihren Stühlen vor den Läden saßen.

Das Gerichtsgebäude war ebenfalls aus Ziegeln gebaut, mit steinernen Bögen, von Ulmen beschattet, und zwischen den Bäumen stand der südstaatliche Soldat aus dem Bürgerkrieg, die Muskete bei Fuß, die hohlen Augen mit der steinernen Hand beschattend. Unter den Bogengängen des Gerichtsgebäudes und auf Bänken im Grünen saßen die Ältesten der Stadt und plauderten oder dösten vor sich hin.[11]

Fast die Hälfte der Einwohner des Distrikts Lafayette und der Stadt Oxford waren Schwarze. Ihre soziale Stellung unterschied sich nur unwesentlich von jener der Sklaven vor dem Bürgerkrieg, und an der unbedingten Vorherrschaft der weißen Bevölkerung herrschte kein Zweifel. Die Mehrheit der Weißen scheint Ansichten wie die des späteren Gouverneurs des Staates Mississippi, James K. Vardaman, geteilt zu haben: «Der Neger ist in der Wirtschaftsordnung der Welt notwendig, aber er ist zum Lastenträger bestimmt. Vor 6000 Jahren war der Neger in seinem heimatlichen Dschungel der gleiche wie heute [...]. Warum sollen wir also Geld für seine Erziehung verschwenden, wenn wir damit doch nur bewirken, daß ein guter Landarbeiter verdorben und eine Köchin aufsässig wird? Der allmächtige Gott hat seine Stellung vorherbestimmt [...].»[12] Noch in der Kindheit Faulkners gab es mehrere Fälle von Lynchjustiz in Oxford und seiner nächsten Umgebung.

Murry Falkner überließ die Erziehung seiner Kinder – Faulkner war der älteste von vier Brüdern – fast ganz der Mutter. Er war schweigsam und neigte zu Zornesausbrüchen; auf der Jagd und in männlicher Umgebung war er zufriedener als in seinen beruflichen Tätigkeiten oder im Kreise seiner Familie. «Er war ein Mann, den man nur schwer kennenlernte», schrieb einer seiner Söhne später; «seine Gabe, sich anderen Menschen zuzuneigen, war begrenzt.»[13] Bei Tisch durfte nicht gesprochen werden, und nur unter dem Einfluß von Alkohol wurde der Vater gelegentlich mitteilsamer. Am Leben seiner heranwachsenden Kinder nahm er wenig Anteil. Inwieweit sein ältester Sohn dies als einen Mangel empfunden hat, ist schwer zu beurteilen; es fällt jedoch auf, daß Faulkner den eigenen Vater in den Selbstzeugnissen kaum erwähnt, der Konflikt zwischen Vätern und Söhnen in seinem Werk dagegen eine beherrschende Rolle einnimmt.

Anders war das Verhältnis zur Mutter. Maud Falkner ermutigte den Jungen zu eigenständiger Lektüre, bestätigte ihn in seinen künstlerischen Interessen und ließ ihn schon als Kind die Werke Shakespeares, Conrads, Balzacs und Victor Hugos lesen. Ihrem Haushalt stand sie mit Strenge und Selbstdisziplin vor; ihr Wahlspruch lautete: «Klage nicht – erkläre nichts.»[14] Faulkner schrieb zwar, daß es ihm als *ältestem von vier Söhnen leicht gewesen* sei, *sich dem Einfluß der Mutter zu entziehen*[15], doch offen-

Das Gerichts- und Verwaltungsgebäude in Oxford

Murry Falkner, der Vater von William Faulkner

sichtlich bestand eine enge Bindung zwischen Mutter und Sohn, die auch später nicht abbrach.

Freilich war Faulkner weder ein fügsames Kind noch ein guter Schüler. *Ich wuchs mehr oder weniger im Mietstall meines Vaters auf*, sagte er in einem Rückblick auf seine Kindheit; *die Schule habe ich nie gern besucht, und ich hörte mit dem Schulbesuch auf, sobald ich groß genug war, um beim Schwänzen nicht erwischt zu werden. Das war ungefähr in der sechsten Klasse.*[16] Tatsächlich war Faulkners Schulbesuch trotz der Bemühungen der Mutter unregelmäßig, sein Interesse an den in der Schule gelehrten Fächern so gering, daß er seine schulische Ausbildung mit siebzehn Jahren endgültig abbrach. Mit anderen Jungen seines Alters ging er auf die Jagd oder vertrieb sich die Zeit auf den Straßen und in der Umgebung Oxfords. Freunde bezeichnen ihn als faul, wenn nicht als ausgesprochen träge – es ist, als habe Faulkner die Jahre seiner frühen Jugend wie eine Zeit passiven Heranreifens erlebt, ziellos treibend und in sich ge-

15

Maud Falkner, geb. Butler, die Mutter von William Faulkner

kehrt eher als nach außen gerichtet. Er las viel und begann zu zeichnen und zu schreiben.

Zu den wenigen Menschen in Oxford, die seine künstlerischen Neigungen teilten, gehörte der vier Jahre ältere Freund Philip Stone. Stone war der Sohn eines Rechtsanwalts und Bankiers in Oxford und bereitete sich auf eine juristische Laufbahn vor. Er war außerordentlich belesen und sowohl mit der klassisch-antiken wie mit der modernen Literatur vertraut. Wie immer man seinen Anspruch, der «Entdecker» Faulkners zu sein, beurteilen mag, sicher ist, daß Faulkner ihm entscheidende Anregungen verdankt. Stone versorgte Faulkner mit Büchern, lenkte seine Aufmerksamkeit auf zeitgenössische Autoren und wurde nicht müde, ihn in seinen frühen literarischen Versuchen zu ermutigen.

Inzwischen hatte Faulkner eine Anstellung in der Bank seines Großvaters gefunden, nahm sie freilich nicht ernster als vorher die Schule. Ironisch bemerkte er später: *Verließ die Schule und arbeitete in Großvaters Bank. Lernte den medizinischen Wert seines Whiskys kennen. Großvater dachte, es sei der Hausmeister. Schwierig für den Hausmeister.*[17] Durch Phil Stone machte er die Bekanntschaft anderer Studenten und schloß sich einem Kreis junger Menschen an der Universität von Mississippi an. Einige seiner Zeichnungen wurden im Jahrbuch der Universität veröffentlicht, die meisten seiner Verse indessen, melancholisch und voller Anklänge an A. E. Housman und Swinburne, scheinen außer Stone wenige gelesen zu haben. Nur Estelle Oldham, einer Jugendfreundin, zeigte Faulkner seine Gedichte. Estelle wurde von vielen Verehrern umschwärmt, war Faulkner aber besonders zugetan. Ihre Heirat mit Cornell Franklin, einem erfolgreichen Rechtsanwalt, traf Faulkner tief. Seiner Werbung um Estelle sollte erst spät Erfolg beschieden sein – die beiden heirateten im Jahre 1929, nachdem die Ehe der Franklins geschieden war.

Mit dem Eintritt Amerikas in den Ersten Weltkrieg wuchs die Unruhe Faulkners. Wie seine Brüder Jack und Johncy meldete er sich zum Militärdienst, wurde aber von der Luftwaffe, bei der er sich beworben hatte, wegen seiner geringen Körpergröße (er maß nur 1,67 m) abgelehnt. Im Juli 1918 schließlich akzeptierte die Royal Air Force in Toronto Faulkner als Kadetten. Zahlreiche Legenden um Faulkner haben ihren Ursprung in seiner militärischen Laufbahn, die, beendet durch den Waffenstillstand, nur ein knappes halbes Jahr dauerte. Faulkner hat viele von ihnen erst spät, manche gar nicht korrigiert, denn er fand sichtlich Gefallen an der Rolle des verwundet aus dem Kriege heimgekehrten Helden, die ihm sein Gastspiel bei der RAF ermöglichte. Noch Jahre nach dem Krieg trug er stolz seine Uniform zur Schau, verbreitete das Gerücht von einer Silberplatte in seinem Schädel oder gab vor, am Bein verwundet worden zu sein. Wenngleich er in Toronto über das Bodentraining wahrscheinlich nicht hinausgekommen ist, wird man in dieser Zeit den Beginn seiner Passion für das Fliegen zu suchen haben.

Im Januar 1919 wurde Faulkner mit anderen Kadetten zusammen demobilisiert und kehrte nach Oxford zurück. *Als ich aus der RAF zurückkam, begann die Gesundheit meines Vaters nachzulassen [...]. Ich wollte keine Arbeit annehmen; auf Bitten meines Vaters schrieb ich mich an der Universität ein, was ich auch nicht wollte. Das war 1920 [...]. Ein Jahr lang besuchte ich die Universität von Mississippi, unter besonderen Bedingungen, die für die zurückgekehrten Truppen erlassen waren. Ich studierte europäische Sprachen, mochte das Studium immer noch nicht und gab's auf. Der Rest meiner Erziehung beruht auf zufälliger Lektüre.*[18]

Faulkner belegte zwar einige Kurse, war aber höchstens ein Gelegenheitsstudent. An Prüfungen nahm er grundsätzlich nicht teil; dagegen trug er erneut verschiedene Zeichnungen zum Jahrbuch der Universität bei und veröffentlichte Gedichte und einzelne kurze Prosatexte in der studentischen Zeitung «The Mississipian». Eines seiner Gedichte, *L'Après-Midi d'un Faune*, war in der Zeitschrift «The New Republic» erschienen, jetzt folgen, wenn auch in wesentlich beschränkterer Verbreitung, Titel wie *Cathay, Sapphics, Une Ballade des Femmes Perdues, Naiads.* In ihrer Weltmüdigkeit und Melancholie, ihrer Dekadenz und blassen Erotik atmen Gedichte wie Zeichnungen den Geist des fin de siècle. Der Einfluß Verlaines (von dem Faulkner mehrere Gedichte übersetzte) und

Die vier Falkner-Söhne,
Oxford 1910.
In der Mitte William

Phil Stone

der Symbolisten, aber auch der T. S. Eliots und William Butler Yeats' ist allenthalben spürbar.

In das Jahr 1920 fällt wahrscheinlich auch die Entstehung des Einakters *The Marionettes*, der, nur in vier von Faulkner selbst angefertigten und reich illustrierten handschriftlichen Exemplaren überliefert, ähnlich wie die Gedichte das Bild einer äußerst artifiziellen, stilisierten Welt entwirft. Die Figuren erinnern an die commedia dell'arte; das Geschehen – die Verführung des jungen Mädchens Marietta durch Pierrot – vollzieht sich vor dem Hintergrund einer kunstvoll verfremdeten Szenerie: *Der Himmel ist ein dünnes durchsichtiges Blau, ein sehr helles Blau, das übergeht in Weiß, mit gleichmäßig geordneten Sternen, und Vollmond. [...] Im Hintergrund hebt sich eine marmorne Kollonade gegen ein regelmäßiges schwarzes Band von Bäumen ab; auf jeder Seite steht die schlanke, anmutige Silhouette einer einzelnen Pappel. [...] Ein unbeweglicher Pfau, ein Teich mit einem Brunnen* vervollständigen das Bild.[19] Noch bewegt sich die Vorstellung Faulkners ganz im Reich der Kunst, das bevölkert ist von Faunen und Nymphen, allegorischen Figuren und antiken Heroen. Dabei bildet die erwachende Sexualität Mariettas einen Gegenpol zu der eigenartig

19

Estelle Oldham um 1913

starren, statischen Szenerie – der frühe Einakter verweist auf ein Thema, das Faulkner noch oft gestalten wird: auf den Gegensatz von Zuständlichkeit und Bewegung, von Kunst und Leben.

Faulkners Gedichte, mehr aber noch sein Auftreten in Oxford und auf dem Campus der Universität trugen ihm den Spitznamen «the Count» ein, den witzige Mitbürger bald in «Count No 'Count», Graf Nichtsnutz, abwandelten. Man parodierte seine Gedichte und mokierte sich über sein Benehmen, das in die Enge der kleinen Stadt und der gewiß eher provinziellen Universität nicht passen wollte. *Ich las und schrieb Verse*, berichte-

*Der ehemalige Kadett Faulkner posiert
nach dem Ersten Weltkrieg als Leutnant*

Zeichnung von William Faulkner für das Jahrbuch
der Universität von Mississippi, 1917

te Faulkner später, *einmal um meine verschiedenen Liebeleien [...] voran-*
zutreiben, zum anderen um die typisch jugendliche Geste zu vollenden, die
mich damals beschäftigte, nämlich in einer Kleinstadt anders zu sein als die
anderen.[20] Er kränkte auch gute Bekannte, indem er grußlos an ihnen
vorüberging oder sie kaum eines Blickes würdigte. Seine häufige Gedan-
kenverlorenheit ist ein Zug, den erstaunte Einwohner Oxfords immer
wieder notiert haben. Bisweilen sicherlich auch eine Allüre des Poeten,
paßte sie in das Bild des Exzentrikers Faulkner und trug dazu bei, daß
man ihm in seiner Heimatstadt nicht nur wohlwollte. Der junge Mann
schien seine Zeit zu vergeuden, spielte Golf, wenn es ihm beliebte, oder
verschwand für einige Tage im nahe gelegenen Memphis. Sein Taschen-
geld verdiente er sich mit Gelegenheitsarbeiten, wohnte aber noch immer
im elterlichen Hause.

Ein Aufenthalt in New York im Herbst des Jahres 1921 und die Beschäftigung in einer dortigen Buchhandlung brachten Abwechslung, doch
schon nach wenigen Wochen kehrte Faulkner nach Oxford zurück. Auf
Drängen und mit der Hilfe seines Freundes Phil Stone wurde er schließlich Leiter der kleinen Poststelle der Universität. Bis zum Herbst des Jahres 1924 blieb er «postmaster», stand im Dienst der Regierung und war
verantwortlich für alle in seinem Amt anfallenden Postgeschäfte. Ein weniger geeigneter Kandidat hätte sich schwerlich finden lassen. Als sich die
Klagen häuften, kündigte Faulkner, froh, seinen Pflichten entronnen zu
sein. Seinen Freunden, die ihn oft in der kleinen Poststelle besucht hat-

ten, erklärte er: *Wahrscheinlich muß ich mein Leben lang nach der Pfeife von Leuten tanzen, die Geld haben, aber Gott sei Dank brauche ich nie wieder nach der Pfeife eines jeden Hundesohns zu tanzen, der 2 Cents hat und eine Briefmarke kaufen will.*[21]

Zu den Vorwürfen, die ihm von der Postverwaltung gemacht wurden, zählten unter anderem seine Nachlässigkeit und Unachtsamkeit im Um-

Handschrift aus dem Einakter «The Marionettes» von William Faulkner, 1920

The sky is a thin transparent blue, a very light blue merging into white with stars in regular order, and a full moon. At the back center is a marble colonnade, small in distance, against a regular black band of trees; on either side of it is the slim graceful silhouette of a single poplar tree. Both wings are closed by sections of wall covered with roses, motionless on the left wall is a peacock silhouetted against the moon. In the middle

1

gang mit den ihm anvertrauten Sendungen, wobei die offizielle Klageschrift eine Begründung für ein derartiges Verhalten gleich mitlieferte. Man hielt Faulkner vor, «daß gegenwärtig ein Buch von Ihnen gedruckt wird, dessen größter Teil während Ihrer Dienstzeit im Amt geschrieben wurde»[22].

Dieses Buch ist ein Band mit Gedichten, der unter dem Titel *The Marble Faun* (*Der Marmorfaun*) am 15. Dezember 1924 in einer Auflage von 1000 Exemplaren und versehen mit einem Vorwort von Phil Stone in Boston erschien. Faulkner hatte sich mit 400 Dollar an den Druckkosten beteiligt. Der Gedichtband ergänzt das Bild, das wir aus *The Marionettes* und anderen frühen Veröffentlichungen gewinnen. Die oft etwas holperi-

«Post Office Blues», Zeichnung William Faulkners
aus der Zeit seiner Tätigkeit als Postangestellter

Porträtzkizze Faulkners,
angefertigt von
William Spratling

gen Verse schildern die vergeblichen Versuche eines in Marmorgestalt
gefangenen Fauns, an dem ihn umgebenden natürlichen Leben teilzuha-
ben. Wehmütig lauscht er den Klängen der Panflöte und beobachtet den
Wechsel der Jahreszeiten und das Werden und Vergehen in der Natur, *ein
trauriger, gefesselter Gefangener,* dessen *Herz nur den Winterschnee
kennt.*[23] Die Natur freilich, die Faulkner besingt, ist nicht die «seines heimatlichen Landes», wie Phil Stone in seinem Vorwort meint.[24] Ihre Beschreibung entstammt vielmehr spätromantischer Schäferdichtung und
bestätigt abermals, wie stark der junge Faulkner noch von seinen literarischen Vorbildern geprägt war. Er selbst war sich dessen wohl bewußt: *Als
Sechzehnjähriger entdeckte ich Swinburne. Oder besser gesagt, Swinburne
entdeckte mich, sprang aus dem gequälten Dickicht meiner Jugend auf
mich zu wie ein Straßenräuber und machte mich zu seinem Sklaven.* Nach
Swinburne nennt er A. E. Housman, in dessen «The Shropshire Lad» er
das Geheimnis entdeckte, dem alle Modernen nachjagen; es folgen Keats
und Shelley, Shakespeare und die elisabethanischen Lyriker.[25] Seine Begeisterung für Keats, insbesondere für dessen große Ode «Auf eine griechische Vase», hat noch in seinen späten Romanen ihre Spuren hinterlassen.

Wie andere frühe Versuche läßt *Der Marmorfaun* von der erzählerischen Kraft Faulkners und seiner Sprachgewalt wenig ahnen. Faulkner

hat seine Anfänge als Lyriker allerdings nie verleugnet, sondern sie im Gegenteil sehr ernst genommen. Bei vielen Gelegenheiten bekannte er, daß er im Grunde *ein gescheiterter Lyriker* (*a failed poet*) sei, und wie sehr ihm seine Gedichte am Herzen lagen, geht auch daraus hervor, daß noch 1933 ein weiterer Band mit zumeist in den frühen zwanziger Jahren entstandenen lyrischen Arbeiten erschien. Im Rückblick wird man die Bedeutung von Faulkners lyrischer Produktion dennoch eher zu relativieren haben. Wohl stößt man hier und da auf Themen und Motive, die auf das spätere Werk vorausweisen, anders aber als etwa sein Zeitgenosse Ernest Hemingway brauchte Faulkner eine längere Zeit, um, nach weiteren Umwegen, seine eigene Stimme zu finden.

Erste Romane

Leidenschaftlich von seiner Bestimmung als Autor überzeugt, ließ sich Faulkner durch das geringe Echo auf seine Gedichte nicht entmutigen. Er suchte nicht länger nach weiteren bürgerlichen Erwerbsquellen, sondern machte sich auf den Weg nach New Orleans, um sich dort für eine längere Reise nach Europa einzuschiffen. Zunächst jedoch blieb er in New Orleans. Er lernte Sherwood Anderson kennen, den Autor von «Winesburg, Ohio», «Horses and Men» und anderen Werken, einen Wortführer der modernen Erzählliteratur in Amerika, dessen Ruhm weit verbreitet war. Faulkner war beeindruckt. Bei aller späteren Distanz gegenüber dem Werk Andersons blieb die Bewunderung für den Menschen: *Ich wußte, daß ich einen Giganten gesehen hatte [...], einen Giganten auf einer Erde, die zum großen, zum allzu großen Teil von Zwergen bevölkert war.*[26] Anderson ermutigte Faulkner zum Schreiben und überzeugte ihn gerade in seiner unbedingten Hingabe an die schriftstellerische Arbeit. *Er sagte mir einmal: «Du hast zu viel Talent. Du kannst es zu leicht, auf zu viele verschiedene Weisen. Wenn Du nicht achtgibst, wirst Du nie etwas schreiben.»* Und Anderson lenkte den Blick des jüngeren Autors in eine neue Richtung: *Ich lernte, daß man, um ein Schriftsteller zu sein, zunächst derjenige sein muß, als der man geboren ist [...]. Man mußte sich daran erinnern, was man war.*[27]

Faulkner hatte begonnen, an dem Manuskript eines Romans zu arbeiten. Die Atmosphäre in New Orleans schien ihn zu beflügeln. Er lieferte Beiträge an Zeitungen und literarische Zeitschriften – Gedichte, Skizzen, Reportagen, aber auch erste Erzählungen. Schon im Mai 1925 schloß er das Manuskript seines Romans ab und schickte es auf Andersons Empfehlung an den Verlag Boni & Liveright in New York. *Ich schrieb ein Buch, und als ich angefangen hatte, merkte ich, daß das Schreiben Spaß machte [...]. Ich hatte nicht daran gedacht, es irgendjemandem zu zeigen [...], und dann machte Sherwood ein Geschäft mit mir. Seine Frau sagte, wenn er es nicht zu lesen braucht, sagt er seinem Verleger, er solle es annehmen. Gemacht, sagte ich. Und auf diese Weise [...] wurde mein erstes Buch veröffentlicht.*[28]

Natürlich hatte Anderson zumindest Teile des Manuskripts gelesen, doch wie oft vereinfacht Faulkner um der Pointe willen. Man kann *Solda-*

Sherwood Anderson

tenlohn (*Soldiers' Pay*) als einen Beitrag Faulkners zur Literatur der «verlorenen Generation» verstehen; dem Vergleich mit Hemingways «Fiesta» oder Dos Passos' «Drei Soldaten» hält das Buch indessen nicht stand. Reizvoll ist der Roman für uns vor allem deswegen, weil er gleichsam keimartig eine Reihe von Motiven und Stilzügen enthält, die später immer wieder vorkommen. Denn trotz des Reichtums seiner Vorstellungswelt kennzeichnen die Kontinuität bestimmter Formen der Erfahrung und die Wiederkehr ähnlicher Stoffe und Themen das Werk Faulkners. So gibt es bereits in *Soldatenlohn* das korrupte, alle menschliche Loyalität mißachtende junge Mädchen (eine Gestalt wie später Temple Drake in *Die Freistatt*), und ebenso dessen Kontrastfigur, die «Erdmutter», die von ähnlich elementarer Natur ist wie Eula Varner in *Das Dorf* oder Lena Grove in *Licht im August*. Der Verbindung von Sexualität und Tod geht Faulkner in vielen Romanen nach, am eindringlichsten in *Schall und Wahn* und *Absalom, Absalom!*. Schließlich fallen schon in *Soldatenlohn* die Bilder «erstarrter Bewegung» auf, die, mehr als nur eine stilistische Eigenart des Erzählers, den Strom der Zeit aufzuhalten scheinen und auch später der dargestellten Welt eine eigenartige Spannung verleihen. Die Silhouette eines Hauses etwa erscheint als *ein Fels, gegen den sich die Wellen der Bäume brechen und in der Brechung für immer erstarrt sind*; die Blätter eines Baumes sind *ein flatternder Silberschleier wie eine erstarrte Fontäne – in Stein gehauenes Wasser.*[29]

Vor seiner Abreise nach Europa verliebte sich Faulkner in die junge Bildhauerin Helen Baird; seine lange und intensive Werbung wurde jedoch auch in diesem Fall zurückgewiesen. Weder eine Gedichtsammlung, *Helen: A Courtship*, noch der eigens für sie handgeschriebene und illustrierte Band *Mayday*, noch der ebenfalls ihr gewidmete Roman *Moskitos* konnten sie gewinnen. Wie sich an der knabenhaften Figur des Mädchens Pat Robyn in *Moskitos – fast ohne Brüste* [...] *und mit den schmalen Hüften eines Knaben und in* seinem *Gesicht leidenschaftlich-kindliche Begeisterung*[30] – die verzweifelte Sehnsucht des Bildhauers Gordon entzündet, so hing Faulkner seiner unerwiderten Liebe zu Helen Baird nach, deren Gestalt ihn auch in späteren Jahren nicht losließ. Sie ist das Vorbild auch für die Figur Charlotte Rittenmeyers in *Wilde Palmen*. In beiden Büchern wird der Gedanke der Liebe romantisch überhöht und in die Nähe einer die Zeit überwindenden Kunst gerückt, wobei in *Moskitos* die Analogie

New Orleans

besonders augenfällig ist. Eine Plastik, für die das Mädchen Pat Robyn Modell gestanden haben könnte, beschreibt Faulkner als *bewegungslos und* [...] *ewig – der jungfräuliche Torso eines Mädchens,* [...] *im Marmor vorübergehend eingefangen und zur Ruhe gebracht, aber noch leidenschaftlich auf Flucht bedacht.*[31] In der Vorstellung des Bildhauers werden Modell und Skulptur eins; sein Ideal ist die unerfüllte, ewig währende Liebe, von der ähnlich in der schon erwähnten Ode von Keats «Auf eine griechische Vase» die Rede ist.

Im Juli 1925 endlich trat Faulkner in Begleitung eines Freundes, des Malers und Architekten William Spratling, von New Orleans aus mit einem Frachtschiff die Reise nach Europa an. Er verbrachte die ersten Wochen in Norditalien und zog dann, bald zu Fuß, bald mit der Eisenbahn, über die Schweiz nach Frankreich weiter. Seine begeisterten Schilderungen in den Briefen nach Hause erinnern an Passagen aus Erzählungen des jungen Hemingway: *Der andere Ort ist Sommariva, ein Weiler in den Bergen über dem Maggiore, wo ich bei den Bauern wohnte, morgens mit ihnen loszog, um zu mähen, mittags Brot und Käse aß und Wein aus einer Lederflasche trank – unterhalb von einem verblaßten Schrein mit einem armseligen kleinen Blumenstrauß, und dann bei Sonnenuntergang vom Berg herunterkam und die Glocken am Maultier läuten hörte und sah, wie sich die halbe Welt im Abendschein lila verfärbte. Dann im Freien an einem Holztisch, der von Generationen von Ellbogen glattgewetzt war, Abendbrot essen und leicht betrunken werden und mit den freundlichen, ruhigen, glücklichen Menschen in der Zeichensprache reden.*[32] Faulkner wanderte, besuchte Kirchen und Museen. Schließlich ließ er sich für einige Zeit in Paris nieder. *Ich wohne direkt um die Ecke vom Luxembourg-Garten, wo ich meine ganze Zeit verbringe. Dort schreibe ich, spiele mit den Kindern, helfe ihnen, ihre Schiffchen schwimmen zu lassen* [...]. *Ein alter, gebückter Mann läßt ein Spielzeugschiff auf dem Teich schwimmen – noch nie habe ich ein so hingerissen schönes Gesicht gesehen. Wenn ich alt genug bin und mir nicht länger Entschuldigungen dafür ausdenken muß, daß ich nicht arbeite, will ich* [...] *meine Tage damit zubringen, ein Spielzeugschiff im Luxembourg-Garten schwimmen zu lassen.*[33]

Faulkners Briefe zeugen von der lebhaften und freudig-unbefangenen Aufgeschlossenheit, mit der er sich der fremden Welt öffnete. Er berichtete der Mutter von seiner Arbeit: *Ich habe gerade etwas so Herrliches geschrieben, daß ich fast platze – 2000 Wörter über den Luxembourg-Garten und den Tod. Es hat nur einen dünnen Handlungsfaden, über eine junge Frau, und es ist Dichtung, obwohl es in Prosa geschrieben ist. Ich habe zwei volle Tage dran gearbeitet, und jedes Wort ist makellos. Zwei Nächte habe ich kaum geschlafen, habe darüber nachgedacht, habe Wörter verglichen, ausgesucht und verworfen und dann wieder geändert. Aber jetzt ist es makellos – ein Juwel!*[34] Sowohl die Arbeitsintensität wie der Glaube an den Wert der eigenen künstlerischen Leistung sind charakteristisch, trotz aller Zweifel, die Faulkner bisweilen heimsuchen. Von der Pose des weltmüden und melancholischen Poeten ist nichts mehr zu spüren.

Ein in diesen Wochen begonnener Künstlerroman über einen jungen amerikanischen Maler, *Elmer*, blieb Fragment. Daß sein Weg ihn nicht zur bildenden Kunst führt, hat Faulkner eingesehen. Der Freund Spratling sei zum Maler geboren, bemerkte er; *seine Hand ist für einen Pinsel geformt, meine aber (leider) nicht*[35]. Die Frage einer künstlerischen Existenz jedoch bewegte ihn weiterhin. Im Dezember aus Europa nach Oxford zurückgekehrt, nahm er sehr bald die bereits früher begonnene Arbeit an dem Roman *Moskitos* wieder auf. Dessen Hauptteil entstand im Sommer des Jahres 1926, den Faulkner wiederum in Pascagoula an der

Eine Illustration von Faulkner zu «Mayday»

Golfküste und wenigstens gelegentlich in der Gesellschaft von Helen Baird verbrachte.

Moskitos gilt den Kritikern im allgemeinen als Faulkners schwächster Roman. Interessant ist er dennoch: er vermittelt einen Einblick in das künstlerische Selbstverständnis des jungen Autors. Unter den vielen Personen des Romans, die sich künstlerisch betätigen oder in anderer Weise an der Welt der Kunst teilhaben, gilt Faulkners Sympathie ohne Zweifel dem bereits erwähnten Bildhauer Gordon. Gordons schöpferische Kraft behauptet sich, während die anderen Charaktere, zumeist Literaten verschiedener Prägung, allein über die Kunst zu reden vermögen: *Geschwätz, Geschwätz, Geschwätz: die absolute und herzzerreißende Stupidität, die in Wörtern liegen kann. Es schien endlos zu sein [...]. Ideen, Gedanken wurden zum bloßen Geräusch, und man jonglierte so lange mit ihnen, bis sie tot waren.*[36] Gordon aber ist schweigsam (wie Faulkner, der literarische Gespräche zunehmend mied), sein Schaffensprozeß ist qualvoll. Er ist *ein verfluchter, gottvergessener Narr*, die künstlerische Form *der Traum eines Irren, geboren im Körper des Chaos.*[37] Die Betonung der Irrationalität der Kunst kehrt an anderen Stellen des Romans wieder, so wenn die Dichtung als *ein Feuer* bezeichnet wird, *das keinen Brennstoff braucht, das von der eigenen Hitze zehrt*, oder in dunklen Worten vom Genie als *einer Passionswoche des Herzens* die Rede ist, *einem Augenblick zeitlos seligen Empfindens [...], in dem Liebe und Leben und Tod und Geschlecht und Leid, durch einen glücklichen Zufall in vollendeten Proportionen zusammengebracht, eine Art strahlender und zeitloser Schönheit annehmen.*[38]

Der Künstler als derjenige, der nach dem Unerreichbaren strebt, sich befreit von der Körperlichkeit und in seinem Werk, oder auch nur in seinen Träumen und Visionen, die Zeitlichkeit transzendiert – dieser Gedanke scheint zumal den jungen Faulkner gefesselt zu haben. Wie in *Moskitos* beschäftigte er ihn in der frühen Kurzgeschichte *Carcassonne*, von der er später sagte, daß er sie immer besonders geschätzt habe, trete *in ihr doch abermals ein Dichter auf.*[39] Das in *Carcassonne* entworfene Porträt des Poeten ist in der Tat zeitentrückt. Der Dichter vergißt seine armselige Umgebung und sucht Zuflucht in der Welt der Imagination, insbesondere in der heroischen Vergangenheit der Kreuzzüge, in der er sich in großen Schlachten Ruhm erwirbt, *im Galopp den Hügel hinauf und geradewegs hinein in den hohen Himmel der Welt.*[40]

Während Faulkner derartige Visionen festhielt, begann er zugleich, sich ganz anderen Stoffen zuzuwenden als bisher. *Du bist ein Junge vom Lande*, hatte ihm Sherwood Anderson vorgehalten, *alles, was Du kennst, ist der kleine Fleck da oben in Mississippi, wo Du herkommst.*[41] Wohl war das Verhältnis zu Anderson inzwischen kühler geworden, vor allem nach dem Erscheinen des Bandes «Sherwood Anderson and Other Famous Creoles» (1926), in dessen Vorwort Faulkner den Stil des Freundes parodierte; trotz aller Distanz aber dürften der Rat und das Vorbild des Freun-

William Faulkner,
Zeichnung von
William Spratling 1925

des gewirkt haben. Im Winter 1926/27 entstand ein langes Fragment über den Aufstieg der Familie Snopes, einer Sippe der «poor Whites», der armen Weißen in den Südstaaten. Den Schauplatz der Handlung bildet die ländliche Gegend um die Stadt *Jefferson*, mit dem Dorf *Frenchman's Bend* und einer Bevölkerung, die Namen trägt wie *Armstid, Surratt, Varner, Turpin* oder *Littlejohn*, Namen also, denen wir fortan oft begegnen. Faulkner kannte sie aus Oxford und seiner Umgebung; hier, in seiner unmittelbaren Heimat, fand er den Stoff, der sich als überaus fruchtbar für ihn erwies.

Das Fragment mit dem Titel *Vater Abraham* blieb zunächst liegen, doch wie um das begonnene Bild zu vervollständigen und tiefer in die Geschichte seiner eigenen Herkunft vorzudringen, nahm Faulkner die Arbeit an einem anderen Projekt auf. Er schrieb einen Familienroman, in dem er in wesentlichen Teilen die Geschichte seiner Vorfahren erzählte. Daß dieses Buch eine Wendung in seiner Entwicklung bedeutete, war ihm später durchaus bewußt: *Angefangen mit Sartoris, sagte er, entdeckte ich, daß es sich lohnte, über die kleine Briefmarke meiner heimatlichen Erde zu schreiben und daß ich keinesfalls lange genug leben würde, um sie auszu-*

schöpfen. [...] Es öffnete sich mir der Zugang zu einer Goldmine von Menschen, und so erschuf ich mir einen eigenen Kosmos.[42] Dieser Kosmos umfaßt *Yoknapatawpha County* und die Stadt *Jefferson*; der Roman *Sartoris* ist der erste große Versuch Faulkners, ihn zu beschreiben.

Yoknapatawpha County und *die kleine Briefmarke meiner heimatlichen Erde* – was macht den besonderen Reiz der Region aus, die den Schauplatz so vieler der nun folgenden Werke Faulkners bildet? Sie liegt im Süden der USA, in einem Gebiet also, das in der Geschichte der Nation seit jeher eine Sonderrolle gespielt hat. Der Gegensatz zwischen den an Handel und Industrie orientierten Nordstaaten und dem Süden mit seiner vornehmlich agrarischen Wirtschaftsform hatte die junge Republik schon in ihren Anfängen belastet, zumal die Frage nach der Anerkennung bzw. Ablehnung der Sklaverei eng mit der unterschiedlichen ökonomischen Struktur in Nord und Süd verknüpft war. Die Sezession der Südstaaten und der ihr folgende Bürgerkrieg in den Jahren von 1861 bis 1865 machen deutlich, wie tief die Spaltung reichte. Noch heute sind ihre Folgen spürbar; das Bewußtsein, daß im Süden andere Bedingungen gelten als im Norden und das Leben hier anderen Regeln folgt als dort, ist weit verbreitet. Dabei stützt sich das Selbstverständnis des Südstaatlers vor allem auf die Vergangenheit seines Landes. Man ist stolz auf dessen große militärische Tradition, ohne doch die Niederlage im Bürgerkrieg je vergessen zu können. Zu den Erinnerungen gehören weiterhin der Glanz des gesellschaftlichen Lebens der Pflanzeraristokratie in der Zeit vor dem Krieg, aber auch das Elend der Sklaverei und die bitteren Sorgen der weißen Unterschicht, die unter armseligsten Bedingungen ihr Leben fristen mußte. Wichtiger als historische Fakten sind dabei allemal die Legenden, die sich um den alten Süden gebildet haben. Sie haben ihren Ursprung nicht zuletzt in der Literatur – Romane wie Harriet Beecher Stowes «Onkel Toms Hütte» haben ebenso zu ihnen beigetragen wie Margaret Mitchells «Vom Winde verweht» und Erskine Caldwells «Die Tabakstraße». An solcher Legendenbildung hat auch Faulkner mitgewirkt. Doch das Bild des Südens, das in seinen Romanen entsteht, ist kaum auf eine einfache Formel zu bringen. Vielfältig und farbenreich, variiert es in den einzelnen Büchern; seine Konturen werden erst allmählich sichtbar.

Sartoris – eine erheblich längere Version des Romans hatte Faulkner unter dem Titel *Flaggen im Staub (Flags in the Dust)* schon im September 1927 fertiggestellt – erschien im Januar 1929, mit einer Widmung an Sherwood Anderson. Im Mittelpunkt des Romans steht die Figur des jungen, *in kalter Verzweiflung* aus dem Kriege heimgekehrten Bayard Sartoris, der sich mitschuldig fühlt am Tode seines Zwillingsbruders John und der nichts sehnlicher wünscht als den eigenen, gewaltsamen Tod. Seine Rastlosigkeit entspringt offenbar vor allem seinem Schuldbewußtsein, wird zugleich aber auf die Vergangenheit seiner Familie bezogen, die Faulkner in zahlreichen Exkursen evoziert. Die Vergangenheit ragt in die Gegenwart hinein und bleibt lebendig in den Geschichten, die in der Familie erzählt werden, in den Gegenständen, die man sorgfältig bewahrt und von einer Generation an die nächste weitergibt. Durchweg erscheint sie in einem verklärenden Licht. Sie nimmt Gestalt an in Miss Jenny, die mit selbstverständlicher Autorität die hohen ethischen und moralischen Ansprüche des Südens aus der Zeit *ante bellum* vertritt. Gemessen an der von ihr beschworenen Glorie des alten Südens ist die Gegenwart eine schwächliche Zeit. In ihrer Phantasie sieht Miss Jenny den früheren

William Faulkner in Paris, 1925

Glanz zurückkehren: *Aber* [...] *in allen Ecken des Zimmers warteten, wie Schauspieler, die in den Kulissen neben der wartenden Bühne stehen, Gestalten in Krinolinen und Reifröcken aus Musselin und Seide; in Halsbinden und in langschößigen Fräcken, auch in Grau, mit roten Schärpen und Säbeln, die galant in ihren Scheiden ruhten; Jeb Stuart* (ein General der Südstaatenarmee) *selbst vielleicht auf glitzernd gezäumtem Fuchs, oder mit seinem blondgelockten Haar, das auf das feine Tuch seines Anzugs fiel, unter den Misteln und Stechpalmen zu Baltimore im Jahre 1858. Miss Jenny saß aufrecht da mit ihrem unnachgiebigen Grenadiersrücken* [...] *und blickte vor sich ins Leere.*[43]

Als eine Art Gegenbild zu Bayard Sartoris führt Faulkner einen anderen Kriegsheimkehrer, Horace Benbow, ein. Der *kalten Gewalttätigkeit* und den *einsamen Höhen* der *Verzweiflung* Bayards stehen die Sanftmut und Empfindsamkeit des Ästheten Benbow gegenüber. Faulkner stattet ihn mit künstlerischen Neigungen aus: [...] *er hatte eine fast vollkommene Vase aus klarem Bernstein hergestellt, größer, prächtiger und von züchtiger, strenger Form; er hatte sie ständig auf seinem Nachttisch stehen und nannte sie mit dem Namen seiner Schwester, wenn er sie nicht beide* [...] *als «Du unberührte Braut der Stille» ansprach.*[44] Das Keats-Zitat, aber auch die inzestuöse Bindung zwischen Bruder und Schwester erinnern an andere Künstlerfiguren Faulkners, und sicherlich verbirgt sich in manchen Zügen Benbows auch ein ironisches Selbstporträt des Erzählers. Wiederum erweist sich die Sehnsucht nach der Reinheit der Kunst als ein zumindest ambivalentes Motiv, denn Benbow, der von sich sagt, *mein Leben ist immer vom Wort bestimmt gewesen*[45], erliegt sehr bald den Verlockungen einer als eher vulgär geschilderten Sexualität. Seine Schwester Narcissa aber heiratet Bayard Sartoris und gebiert diesem am Tage seines tödlichen Unfalls einen Sohn.

Nach Donald Mahon in *Soldatenlohn* erinnern Sartoris und Benbow, wenn auch in unterschiedlicher Weise, noch einmal an Figuren aus den Romanen der «verlorenen Generation», an Dos Passos' John Andrews, Fitzgeralds Anthony Patch oder Hemingways Jake Barnes und Frederic Henry. Ebenso wiederholen sie in der so deutlich demonstrierten Vergeblichkeit ihres Lebens bestimmte Gesten aus früheren Werken Faulkners, doch indem der Erzähler das Geschehen des Romans jetzt ganz bewußt in die Welt *seiner heimatlichen Erde* einbettet, gibt er ihm eine neue, eigene Form. Zu den besonderen Attributen dieser Welt gehören die armseligen Lebensumstände der Schwarzen: *Auf der gebrochenen Platte des Kamins brannte ein Feuer mitten zwischen Aschenhaufen und verkohlten Holzstücken und einer Menge Kochtöpfen. Bayard, aus der frischen Kälte eintretend, schloß die Tür hinter sich, und Wärme, samt stark riechender Stickluft, umgab ihn wie etwas Betäubendes. Eine Frau, über das Feuer gebeugt, beantwortete schüchtern seinen Gruß. Drei kleine Kinder in einer Ecke wurden mäuschenstill und beobachteten ihn mit rollenden Augen.*

Landarbeiter im Süden

Beim Pflücken der Baumwolle

John Dos Passos   Ernest Hemingway

Eins war ein Mädchen, in einem fettigen, unbeschreiblichen Kleid, die Wolle in schmutzigen Knoten bunten Tuchs gedreht. Das zweite hätte alles und jedes sein können. Das dritte steckte offenbar hilflos in einem Kleidungsstück, das aus einem wollenen männlichen Unterzeug gefertigt war. Das Kind war noch zu klein zum Laufen und krabbelte [...] auf dem Fußboden herum, wobei ihm aus jedem Nasenloch eine schimmernde Spur zum Kinn lief, wie von Schnecken gezogen.[46]

Das Leben der Menschen, der Weißen wie der Schwarzen, steht in engem Bezug zum Land, das sie ernährt, und ist geprägt vom Wechsel der Jahreszeiten und der Folge von Saat und Ernte. Faulkner schildert es in einer Reihe von Genreszenen und stellt seine Personen in ein festes räumliches, zeitliches und soziales Gefüge: *Die Plantage der Sartoris' war in Pachtungen aufgeteilt. Die meisten Pachter hatten ihre Baumwolle gepflückt und ihren letzten Mais geerntet; und seit einiger Zeit fuhren Bayard und Narcissa am Nachmittag, während der Spätsommer auf dem Lande lag [...], hinaus, wo die Neger an einer Quelle am Waldrand ihr Zuckerrohr zusammenbrachten und ihren gemeinsamen Wintervorrat an Sirup zubereiteten. Einer der Neger, sozusagen der Patriarch unter den Pächtern, war Eigentümer der Mühle und des Maultiers, das die Antriebskraft lie-*

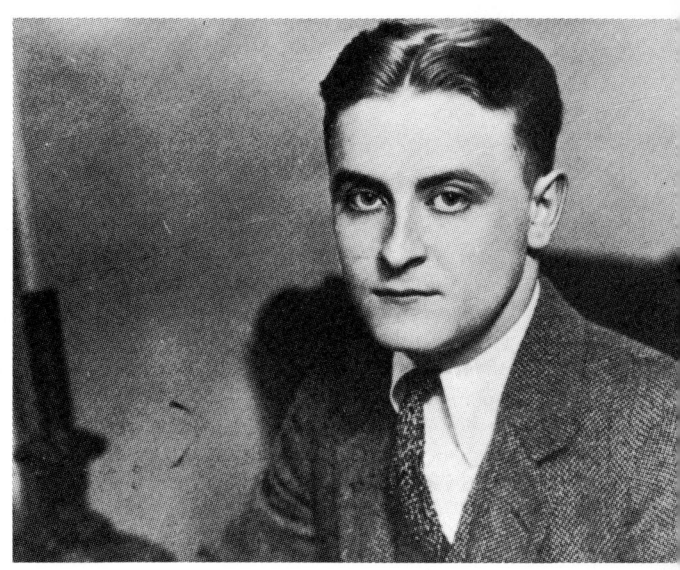

F. Scott Fitzgerald

ferte [...]. *Wenn sie sich näherten, vernahmen sie zunächst von weitem schon das Ächzen und Krächzen der Mühle, wenn der Wind ihnen gerade entgegenwehte; dann spürten sie den scharfen, unmerklich erregenden Geruch des Fermentierens und kochender Melasse. Bayard mochte den Geruch gern, und sie fuhren heran und hielten da eine Weile, während der Junge, der das Zuckerrohr in die Mühle stopfte, heimlich die Augen nach ihnen rollte, und sie dem geduldigen Maultier zusahen und der Alte sich über den leise kochenden Topf beugte.*[47] Der nostalgische Ton, der in solchen Beschreibungen mitschwingt, ist nicht unbeabsichtigt. Faulkner war sich darüber im klaren, daß er in *Sartoris* noch einmal *eine Welt* erschuf, *die er schon zu verlieren und zu beklagen begann*[48].

In einem späteren Interview hat Faulkner *Sartoris* als *die Keimzelle seiner apokryphen Welt* bezeichnet.[49] Mit Recht, denn in *Sartoris* entdeckte er den Süden und dessen Geschichte als ein Thema, *über das zu schreiben sich lohnt*. In seiner Entwicklung als Erzähler bedeutet der Roman zugleich einen Abschluß und einen Neubeginn – er beendet die Phase des Frühwerks und leitet über zu den großen Werken des folgenden Jahrzehnts, die seinen späteren Ruhm begründen.

Frühe Meisterschaft

In jüngerer Zeit ist die Bereitschaft gewachsen, den frühen Werken Faulkners einen eigenen Rang zuzubilligen, dennoch bleibt die scheinbar fast unvermittelt erreichte künstlerische Souveränität der auf *Sartoris* folgenden Romane eine erstaunliche und in der Literaturgeschichte seltene Leistung. Faulkners Schaffenskraft ist beeindruckend. Innerhalb von drei Jahren entstehen nicht nur *Schall und Wahn* und *Licht im August*, sondern neben diesen auch zahlreiche Kurzgeschichten sowie die beiden Romane *Als ich im Sterben lag* und *Die Freistatt*. Zwar ist keiner der Romane ein Publikumserfolg, auch nicht das wegen seines sensationellen Inhalts vielgeschmähte Buch *Die Freistatt*, doch die literarische Anerkennung des Autors wächst.

Faulkner hat den Ruhm nicht gesucht. Sein Maßstab war nicht das öffentliche Echo, sondern die dem Künstler gestellte Aufgabe, *nach Vollkommenheit zu streben*[50]: *Die einzige Verantwortung, die ein Schriftsteller hat, besteht seiner Kunst gegenüber. Wenn er ein guter Schriftsteller ist, kennt er kein Erbarmen [...]. Er ist durch und durch amoralisch, denn um seine Arbeit tun zu können, würde er rauben, borgen, betteln, stehlen [...]. Um ein Buch zu vollenden, wirft der Schriftsteller alles über Bord, seine Ehre, seinen Stolz, seinen Anstand, seine Sicherheit, sein Glück. Ohne zu zögern, würde er seine Mutter berauben [...]. Die Kunst hat nichts mit Frieden und nichts mit Zufriedenheit zu tun, und auch nichts mit der Umgebung, in der sie entsteht. [...] Der Künstler hat keine Bedeutung. Nur was er schafft, ist wichtig.*[51]

Wiederholt hat Faulkner die Auffassung vertreten, daß weniger die tatsächlich erreichte Leistung als das künstlerische Wagnis, auf das ein Autor sich einlasse, die Grundlage literarischer Wertung bilden dürfe, und diesem Prinzip entsprechend stufte er sich selbst und seine Zeitgenossen ein. Thomas Wolfe nannte er an erster Stelle, weil er *das Unmögliche versucht* und *das meiste gewagt habe*; Hemingway dagegen rangierte am unteren Ende seiner Wertskala, weil dieser im Rahmen seiner einmal erlernten und beherrschten Fähigkeiten geblieben sei und das künstlerische Risiko gescheut habe.[52] Eben das Wagnis, die Hingabe an das Experiment ohne Rücksicht auf dessen Folgen, forderte Faulkner auch von sich selbst. Daß es ihm ernst war mit solchen Forderungen, beweisen die jetzt geschaffenen Romane.

*Das vermutliche Vorbild
für das Haus der Familie
Compson in Oxford*

Sartoris wurde zunächst von verschiedenen Verlegern zurückgewiesen, dennoch nahm Faulkner unbeirrt die Arbeit an einem neuen Stoff auf. *Eines Tages kam es mir so vor, als hätte ich eine Tür zwischen mir und allen Verlegeradressen und Buchlisten zugemacht*, schrieb er später.[53] Er glaubte zunächst kaum daran, für das neue Buch einen Verleger zu finden: *Wahrscheinlich wird es in den nächsten zehn Jahren niemand drucken. [...] Es ist ein Buch, wie ich es noch nie gelesen habe.*[54] Der Roman trägt den Titel *Schall und Wahn* (*The Sound and the Fury*) – *die Worte kamen aus dem Unbewußten. Ich nahm sie auf, ohne zu zögern und ohne zu überlegen, daß auch der Rest des Shakespeare-Zitats zu meiner Geschichte von Haß und Wahnsinn paßte*[55]: «eine Mär ist es, / erzählt von einem Idioten, voll / von Schall und Wahn und nichts bedeutend», heißt es in Shakespeares «Macbeth».

Wie vorher *Sartoris* entstand *Schall und Wahn* in Oxford. Es ist, als hätten Europa und der Aufenthalt in New Orleans Faulkner genug von

41

der Welt gezeigt – er vergrub sich in der kleinen Stadt und konzentrierte sich allein auf seinen neuen Roman. Wir wissen so gut wie nichts über seine Lebensumstände in den Monaten, in denen er an *Schall und Wahn* arbeitete; Phil Stone sagte später: «Er hat die ganze Zeit geschrieben.»[56] Als das Manuskript im Spätsommer des Jahres 1928 abgeschlossen war, las Faulkner Teile daraus dem Freund vor. In der Stadt Oxford aber galt er noch immer als nichtsnutziger Bohemien, der seine Zeit vorwiegend auf dem Golfplatz zubrachte.

Faulkner hat sich in späteren Jahren ausführlich über *Schall und Wahn* geäußert. Vor japanischen Studenten beschrieb er die Entstehungsgeschichte des Romans: *Das Buch hatte seinen Ursprung in einer Kurzgeschichte. Es war eine Kurzgeschichte ohne eigentlichen Handlungsfaden, über einige Kinder, die während der Beerdigung ihrer Großmutter von zu Hause fortgeschickt werden. Sie waren zu jung, um wirklich zu begreifen, was geschehen war, und sie sahen die Ereignisse [...] nur als Teil ihrer kindlichen Spiele an. Dann wollte ich prüfen, wieviel mehr ich aus dem Gedanken der blinden, egoistischen Unschuld, wie sie Kinder verkörpern, herausholen könnte, wenn eins dieser Kinder wahrhaft unschuldig, also ein Idiot wäre. So wurde der Idiot geboren, und dann beschäftigte mich das Verhältnis des Idioten zur Welt, die ihn umgab und mit der er nie fertig werden würde – und woher würde er die Zärtlichkeit, die Hilfe erhalten, die ihn in seiner Unschuld beschützen könnten [...]. Und so entstand die Figur der Schwester (Caddy), dann der Bruder Jason (für mich die böseste Person, die ich je erschaffen habe). Dann merkte ich, daß ich das ganze unmöglich in einer Kurzgeschichte erzählen konnte. Und so erzählte ich über die Erfahrungen des Idioten an jenem Tage, und das war nicht zu verstehen, selbst ich hätte nicht sagen können, was geschah. So mußte ich ein weiteres Kapitel schreiben. Dann beschloß ich, Quentin seine Version desselben Tages oder derselben Ereignisse erzählen zu lassen. [...] Dann mußte ich ein Gegengewicht schaffen, und das war der Bruder Jason. Zu dem Zeitpunkt war das Buch völlig verwirrend. Ich wußte, daß es noch lange nicht beendet war, und dann mußte ich einen weiteren Teil schreiben, von außen, und aus der Sicht eines Unbeteiligten, und das war der Autor, der erzählte. Und so ist das Buch gewachsen. Das heißt, ich habe die gleiche Geschichte viermal geschrieben.*[57]

In späteren Interviews setzte Faulkner die Akzente etwas anders; wichtig war ihm der Gedanke, daß das Buch aus einer *bildhaften Vorstellung* hervorgegangen sei: *Es war das Bild des schmutzigen Hosenbodens eines kleinen Mädchens in einem Birnbaum. [...] Und dann erkannte ich den Symbolwert des schmutzigen Höschens, und an die Stelle dieses Bildes trat ein anderes, das des vater- und mutterlosen Mädchens, das an einer Regenrinne herabkletterte, um seinem einzigen Zuhause zu entfliehen, wo es nie Liebe oder Zuneigung oder Verständnis erfahren hatte.*[58]

Wie Faulkner in den Interviews andeutet, sind die vier Teile des Buches

June Demel, 1910

The shadow of the sash fell across the curtains, between 7 and 8 o'clock, and then I was hearing the watch again, ~~that I could~~ and I lay there looking at the invisible bars across the noisy and restless windows, listening to the watch. Hearing it, that is. I don't suppose anybody deliberately listens to a watch or a clock. You don't have to. You can be oblivious to the sound for a long while, then in a second of listening it can create in the mind unbroken the long diminishing parade of time you did not hear. Where up the long and lonely annealing of light rays you might see Jesus walking, like. The Irish Son of Man: he had no sister, Moonsun and Roman and Virginia, they had no sister one minute she was

Beyond the wall Shreve's bedsprings complained thinly, then his carpet slippers on the floor. I got up and went to the dresser and slid Had no sister my hand along it and touched the watch and turned it face down upon the dresser and went back to bed. As soon as I knew I couldn't see it that constant speculation as to what mechanical knob it is which came to a part of every confused man's mind, sat up again. All night, I wonder what time it is. What about it? Moonsun and Roman and Virginia. ~~Same~~ ~~Desolations~~ ~~these were of you~~ you were ~~worn~~ away by a minute for clicking of little wheels

Ye were sons of ye crucified:

The windows were like noisy gauze and then I was thinking it would be nice for them down at New London if the weather held up like this ~~only shouldn't~~ if the months of harbor the ~~races~~ Real ~~She~~ ~~was running~~ where I heard if the the minute she was running before I knew what it was but knew ~~caught up even her ever~~ then out of the minute like a cloud along the ~~crowded shore~~ her not something out of the minute running out of the loudest scowl and the voice that insulted o'er eden Shreve stood in the door, pulling his collar on, his glasses glinty as though he had just washed them also ~~not~~ along with his face.

"You taking a cut this morning?"

"Is it that late?"

He looked at his watch. "Bell in two minutes."

"I didn't know it was that late." He was still looking at his watch, his mouth shaping. "I'll have to hustle. I can't stand another cut. The dean told me ———" He put the watch back.

"You'd better slip on your coat and pants and run." He went out.

I got up and moved about until I crossed the sitting room.

"You ready yet?"

"Not yet. Run along. I'll make it."

He went on. The door opened, stood upon his feet. I quit moving about and went to the window and drew the curtains aside. ~~The quad was full~~ and watched them running for chapel, the same ones jostling past of the last minute, and Spoade in the middle of them like a turtle in a skirt full of scuttering leaves, his coat collar about his ears, moving at his customary unhurried walk. He was from South Carolina, a senior. It was his class' boast that he never

Manuskriptseite aus «The Sound and the Fury»

aus einer jeweils anderen Perspektive erzählt. Den ersten Abschnitt bildet ein langer innerer Monolog des schwachsinnigen Benjy Compson. Er trägt das Datum des 8. April 1928, eines Tages also, der in die Entstehungszeit des Romans fällt. In Oxford zeigt man dem Besucher noch heute das Haus, das Faulkners Phantasie angeregt haben könnte – zur Familie, die es einst bewohnt hat, gehörte ein Schwachsinniger, der bisweilen an einem das Anwesen umgebenden Eisenzaun auftauchte. Seine *Erfahrungen, Beobachtungen und seine Vorstellungskraft* seien die Quellen, aus denen der Schriftsteller schöpft, hat Faulkner immer wieder gesagt; es mag sein, daß zumindest die Figur Benjys auf einen wirklichen Menschen zurückgeht. Für die anderen Geschwister gilt dies sicherlich nicht, wohl aber für die Negerin Dilsey, die man gern mit einer langjährigen Bediensteten im Hause der Faulkners in Zusammenhang bringt. Ihr ist der letzte Abschnitt des Buches gewidmet; die anderen beiden Teile werden aus der Sicht der beiden Brüder Quentin und Jason Compson erzählt.

Doch *Schall und Wahn* ist keine Familienchronik. Faulkner hat das Buch *die Tragödie zweier verlorener Frauen* genannt, *Caddys und ihrer Tochter*[59]. Auch diese Beschreibung trifft den Charakter des Romans nur bedingt. Denn eher geht es um etwas anderes – um das Ausgeliefertsein des Menschen an die Zeit, um sein Verstricktsein in Beziehungen, denen er nicht entrinnen kann, und um seinen verzweifelten Versuch, seiner Existenz einen Halt zu verleihen, der im Absoluten gründet und die Vergänglichkeit des Lebens überwindet. In dieser Thematik knüpft der Roman durchaus an das Frühwerk an. Der Konflikt zwischen Zuständlichkeit und Bewegung, zwischen dem Verlangen nach ewiger Reinheit und einer naturbedingten Veränderung läßt Faulkners Einbildungskraft nicht los. Dramatisiert er mit dieser Frage auch ein Problem seiner eigenen Existenz? Er lebte in Oxford als Nachkomme einer alteingesessenen Familie und hatte sich, statt deren Tradition fortzuführen, der Idee einer zeitlosen Kunst verschrieben – das Spannungsverhältnis zwischen Kunst und Geschichte ergab sich für ihn in ganz unmittelbarer Weise. Wir stoßen in seiner Biographie immer wieder auf diesen Gegensatz, das Problem der künstlerischen Existenz verfolgt ihn noch lange. Zu *Schall und Wahn* behält er eine besonders innige Beziehung: Ich habe *es mit meinem Herzblut geschrieben*, bekannte er; *es war das Buch, das mir am meisten Kummer bereitet hat und an dem ich am schwersten gearbeitet habe*, [...] *das ich am meisten liebe.*[60] An anderer Stelle greift er zu einem Bild, in dem nochmals ein Echo an Gedanken aus Keats' Gedicht anklingt: *Es gibt irgendwo eine Geschichte über einen alten Römer, der an seinem Bett eine tyrrhenische Vase stehen hatte, die er liebte und deren Rand er langsam mit seinen Küssen abnutzte. Ich hatte mir eine solche Vase gemacht.*[61]

Vieles spricht dafür, daß *Schall und Wahn* tatsächlich *gewachsen ist* und nicht nach einem bestimmten, vorher bereits festliegenden Kompositionsschema geschrieben wurde. Faulkner hat später die Empfindungen geschildert, die ihn bei der Arbeit an diesem Roman bewegten: [...] *dieses ganz bestimmte, körperliche und dennoch nur verschwommen beschreibbare Gefühl; diese Ekstase, dieses frohe, ungeduldige, zuversichtliche Glauben an die Überraschung, die unverletzt und unfehlbar von dem noch unbeschmierten Papier unter meinen Händen festgehalten wurde und darauf wartete, freigelassen zu werden.*[62] Unter seinen Manuskriptbögen findet sich nur ein Blatt, auf dem ein knappes Zeitgerüst festgehalten ist; andere Notizen hat er entweder vernichtet oder nie gemacht. Er scheint sich seinem Stoff ausgeliefert zu haben, so wie es seine Auffassung vom künstlerischen Schaffensprozeß verlangte. Und eben diese Hingabe fordert er auch von seinem Leser. Er überläßt uns der verwirrenden Vielfalt von gegenwärtigen und vergangenen Eindrücken im Bewußtsein seiner Personen, so daß sich erst allmählich die Konturen des Geschehens herausschälen. Weil sich der Erzähler auf nur wenige Orientierungshilfen beschränkt, wird das Befangensein des Menschen in der Zeit zu einer Erfahrung, an der der Leser in sehr unmittelbarer Weise teilhat. Darin liegt das eigentliche Wagnis des Buches. Wohl ist es möglich, nachträglich den chronologischen Ablauf der Ereignisse zu rekonstruieren, wohl lassen sich am Ende die Empfindungen und die Motive der Charaktere in begrifflicher Sprache formulieren, seine Eigenart und seine Überzeugungskraft aber bezieht der Roman aus der Intensität, mit der die Qual der menschlichen Existenz vergegenwärtigt wird. *Dich quält die Natur,* hält der Vater Quentin in einem imaginären Gespräch vor, als dieser ihm einzureden versucht, daß er mit seiner Schwester Caddy Inzest begangen habe.[63] Diese Qual treibt Quentin schließlich in den Selbstmord. Der Idiot Benjy wird entmannt, Caddy verschwindet aus der Stadt wie später ihre uneheliche Tochter, der Bruder Jason wird ein Opfer seiner Betrugsmanöver. Befreit von der Last der Zeit scheint als einzige Figur des Romans die Negerin Dilsey. Über sie und ihre Familie sagte Faulkner in einem späteren Nachwort: *Sie harrten aus.*[64]

Faulkner hat einen Einfluß von James Joyce auf *Schall und Wahn* stets geleugnet, doch es besteht kein Zweifel, daß er in seinem Roman dessen erzählerische Experimente fortgesetzt hat. Verblüffend ist seine oftmals bekundete Bewunderung für Thomas Mann, dessen «Buddenbrooks» er für den größten Roman des 20. Jahrhunderts hielt.[65] Offensichtlich war ihm nicht bewußt, wie weit er selbst sich von den herkömmlichen Erwartungen an die erzählende Literatur entfernt hatte – jegliche Theorie des Romans blieb ihm fremd. Es ist denkbar, daß sein Leben in der Zurückgezogenheit der Provinz solche Haltung förderte; jedenfalls dürfte es seiner Abneigung gegenüber dem theoretischen Gespräch entgegengekommen sein.

Schall und Wahn erschien am 7. Oktober 1929 in dem neugegründeten Verlagshaus von Cape & Smith in New York, wenige Wochen vor dem Zusammenbruch der Börse und dem Beginn der Weltwirtschaftskrise.

Doch Faulkner schirmte sich auch von den politischen und wirtschaftlichen Geschehnissen der Zeit ab. Die Wirtschaftskrise mag die Verkaufsziffern seines neuen Romans beeinflußt haben, der Autor indessen scheint kaum von ihr Notiz genommen zu haben. Trotz einer überwiegend positiven Aufnahme in den großen Zeitungen des Nordens dauerte es eineinhalb Jahre, bis die erste Auflage von *Schall und Wahn* in Höhe von knapp 2000 Exemplaren verkauft war.

Eine Veränderung in seinen Lebensumständen bedeutete die Rückkehr von Estelle Oldham-Franklin nach Oxford. Die Ehe mit Cornell Franklin war gescheitert; seit 1927 wohnte Estelle mit ihren beiden Kindern bei ihren Eltern. Im April 1929 wurde ihre Scheidung von Franklin ausgesprochen. Wenige Wochen später heiratete Faulkner Estelle, nach einer Werbungszeit, die sich über mehr als ein Jahrzehnt erstreckt hatte. Mit der kirchlichen Trauung wurde die Verbindung legalisiert. Selbst fast mittellos, übernahm der jetzt Zweiunddreißigjährige die Verantwortung für eine Familie. Trotz ständiger finanzieller Sorgen gewann sein Leben mit der neuen Rolle als Familienvorstand eine gewisse Stabilität.

Estelle Oldham entstammte einer angesehenen und wohlhabenden Familie in Oxford. Ihr Vater, ein bekannter Jurist, hatte in seinen verschiedenen geschäftlichen Unternehmungen bisweilen mit Faulkners Großvater konkurriert. Trotz der Freundschaft zwischen den Familien hatten die Eltern eine Heirat ihrer Kinder entschieden abgelehnt, als Faulkner zehn Jahre zuvor um die Hand Estelles angehalten hatte, und auch jetzt noch standen sie der Verbindung skeptisch gegenüber. Estelle, etwas älter als Faulkner, war eine Schönheit; Faulkners Bruder Murry beschreibt sie als «reserviert, hübsch, und stets ‹die junge Dame›, schon als Kind»[66]. Sie war «lebhaft im Gespräch [...], eine charmante, jugendlich wirkende Frau, und machte den Eindruck, als sei sie immer über etwas erstaunt»[67]. Die Ehe war von Beginn an gespannt; es wird berichtet, daß Estelle während der Hochzeitsreise einen Selbstmordversuch unternahm. War es allein sein verletzter Stolz, der Faulkner zur Heirat veranlaßte? Joseph Blotner schreibt, die beiden hätten versucht, mit ihrer Heirat «die Vergangenheit zurückzugewinnen». Faulkners Motiv für die Eheschließung sei nicht nur seine Liebe zu Estelle gewesen, sondern ebenso «sein Trotz und der Wille, sich zu behaupten. Ihre Eltern hatten ihm schließlich zu verstehen gegeben, daß er nicht gut genug war, ihre Tochter zu heiraten.»[68]

Der Lebensstil, den Faulkner seiner Frau bieten konnte, entsprach nicht dem Reichtum, den sie gewohnt war. Andererseits konnte Estelle den Anforderungen, die seine Lebens- und Arbeitsgewohnheiten an sie richteten, nur schwer gerecht werden. Daß beide tranken, vergrößerte die Schwierigkeiten.

In Oxford lebte die junge Familie in einer gemieteten Wohnung. Die Hoffnungen auf den Verkauf von Kurzgeschichten hatten sich nicht er-

1931

füllt, so daß Faulkner eine neue Arbeit annahm: Er wurde Aufseher im Kraftwerk der Universität, wo er den Nachtdienst versah. In großzügiger Übertreibung schilderte er einige Jahre später seine Tätigkeit: *Ich bekam eine Stelle als Kohleschaufler im Kraftwerk, in der Nachtschicht, von 6 Uhr abends bis 6 Uhr in der Frühe. Ich schaufelte Kohle aus dem Bunker und kippte sie dort aus, wo der Heizer sie in den Kessel tun konnte. Gegen 11 Uhr gingen die Leute ins Bett, und dann brauchten wir nicht mehr so viel Druck. Dann konnten wir uns ausruhen, der Heizer und ich. Er saß gewöhnlich in einem Stuhl und döste vor sich hin. Ich hatte mir einen Tisch gemacht, aus einer Schubkarre, auf der anderen Seite der Wand, hinter der der Dynamo lief. Bis 4 Uhr gab es nichts mehr zu tun, bis wir das Feuer*

47

wieder anfachen und den Druck erhöhen mußten. In diesen Nächten, zwischen 12 und 4, habe ich «Als ich im Sterben lag» geschrieben, in sechs Wochen, ohne ein Wort zu ändern.[69]

In Wahrheit brauchte der Erzähler keine körperliche Arbeit zu leisten, aber daß er einen großen Teil seines neuen Romans während der Nachtschicht im Kraftwerk verfaßt hat, trifft zu. Seine Haltung gegenüber dem Buch ist kühler als im Falle von *Schall und Wahn. Ich hatte von vornherein die Absicht, eine tour de force zu schreiben. Bevor ich überhaupt die Feder ansetzte und das erste Wort schrieb, wußte ich, welches das letzte Wort sein würde und wo ich den letzten Punkt setzen würde. Bevor ich anfing, sagte ich mir, ich will ein Buch machen, mit dem ich stehe oder falle, und wenn ich nie wieder Tinte anrühren soll.*[70]

Das Manuskript war nach weniger als sieben Wochen abgeschlossen. *Es war nicht leicht. Keine ehrliche Arbeit ist leicht. Einfach war es in dem Sinne, daß ich über den Stoff im ganzen bereits verfügte [...]. Ich dachte mir einfach eine Gruppe von Menschen aus und setzte sie den einfachen, gemeinen Naturkatastrophen aus, also Feuer und Hochwasser, und gab ihnen ein einfaches, natürliches Motiv, das ihrem Weg die Richtung wies.*[71] Doch das oft wiederholte Wort *einfach* täuscht. Den Titel *Als ich im Ster-*

Faulkners Haus Rowan Oak

ben lag entnahm Faulkner einer Übersetzung der «Odyssee»; er entstammt der Rede Agamemnons im 11. Gesang. Wie es scheint, war die «Odyssee» Faulkner vertraut, es mag aber auch sein, daß er seine Kenntnisse den früheren Gesprächen mit Phil Stone verdankt.

In formaler Hinsicht setzt der Roman das in *Schall und Wahn* begonnene Experiment fort. Noch entschiedener als dort beschränkt sich Faulkner darauf, allein die subjektive Erfahrung des einzelnen wiederzugeben – das Buch setzt sich aus einer Fülle von inneren Monologen zusammen, ein übergeordneter Erzähler aber tritt nicht auf. Wie Caddy in *Schall und Wahn* steht in *Als ich im Sterben lag* eine Frau im Mittelpunkt des Geschehens: Addie Bundren, die sich von ihrem Mann ausbedungen hat, daß er sie nach ihrem Tode in ihrem Familiengrab in der 40 Meilen entfernten Stadt Jefferson beerdigen wird. Den größten Teil der Handlung macht der langsame, von Katastrophen aller Art aufgehaltene Zug der Bundrens nach Jefferson aus, geschildert aus der Perspektive vor allem der Mitglieder der Familie, aber auch aus jener unbeteiligter Zeugen. Die Familie Bundren gehört zur Schicht der «armen Weißen», die Faulkner (nach dem Fragment *Vater Abraham*) hier zum erstenmal ausführlich porträtiert. Ihre Zähigkeit führt zu grotesken Effekten – so unternimmt der Familienvater die mühselig-schaurige Fahrt in die Stadt nicht nur, um den Willen seiner Frau zu erfüllen, sondern um sich bei dieser Gelegenheit neben einer neuen Ehefrau insbesondere auch ein lang ersehntes künstliches Gebiß zu beschaffen. Die schwerfällige Denkweise der Menschen ist komisch und zugleich rührend: *Diese verdammte Straße* [. . .]. *Liegt da und führt stracks zu meiner Tür, wo jedes Unglück, das kommt oder geht, Eingang finden muß.* [. . .] *Wenn ER will, daß etwas sich immer fortbewegt, dann macht ER's waagrecht wie 'ne Straße, 'n Pferd oder 'nen Wagen, will ER aber, daß was am Fleck bleiben soll, so macht ER's senkrecht, wie 'n Baum oder Mensch. Und deshalb war's auch nie SEIN Wille, daß die Leute an der Straße wohnen, denn was war zuerst da, frag ich, die Straße oder das Haus?* [72] Zu dem Dichter Allen Tate hat Faulkner gesagt, daß in diesen Gedanken des Vaters der Keim für das weitere Geschehen gelegen habe. [73]

Doch die Charaktere sind keine einfältigen Toren. Faulkner betont ihre Leidensfähigkeit, ihren Wunsch nach Liebe und ihren – oft stummen – Protest gegen die Bedingungen der menschlichen Existenz. Dazu gehört der elementare Zweifel an der Sprache, wie er sich in Addie Bundrens Monolog äußert: *Als Cora Tull mir sagen wollte, ich sei keine gute Mutter, dachte ich daran, wie Wörter geradewegs in dünner Linie rasch und harmlos zum Himmel aufsteigen und wie schrecklich das Tun auf der Erde hinschleicht, sich an sie festklammert, so daß nach kurzer Zeit die beiden Linien schon zu weit auseinander sind, als daß derselbe Mensch noch von der einen zur anderen langen könnte; und daß Sünde und Liebe und Furcht nur Schall sind, den jene Leute, die nie sündigten oder liebten oder fürchteten, an Stelle dessen besitzen, was sie nie hatten oder nie haben werden, ehe sie nicht die Wörter vergessen. Wie Cora Tull, die nie auch nur kochen konn-te.*[74] Der rasche Wechsel der Ebenen, wie ihn die letzte Bemerkung über die Nachbarin Cora Tull illustriert, ist typisch für den Roman, der bittere Humor ein durchgehendes Stilelement des Buches. Als der Vater am Ende seiner neuen Frau die Kinder vorstellt, fehlt eins von ihnen. Der Sohn Darl, ein Poet, mit seherischen Fähigkeiten begabt, sensibel und sprachgewaltig, ist kurz zuvor ins Irrenhaus gebracht worden. Man darf annehmen, daß gerade ihm Faulkners besondere Sympathien gegolten haben wie vorher Quentin Compson, Horace Benbow oder dem Dichter in *Carcassonne*.

Als ich im Sterben lag erschien im Oktober 1930. Im April desselben Jahres tat Faulkner, nach seiner Heirat mit Estelle, einen weiteren Schritt, der ihn seßhaft machte. Für die Summe von 6000 Dollar – zahlbar in monatlichen Raten von 75 Dollar – kaufte er ein vor dem Bürgerkrieg gebautes, großzügiges Haus, eben außerhalb der Stadt auf einem fast 2 Hektar großen Grundstück gelegen. Das ehemals herrschaftliche Gebäude mit seinem kunstvoll angelegten Garten war verwohnt und heruntergekommen: Fußböden und Deckenbalken mußten erneuert, Licht und Wasser installiert werden. Aber Faulkner besaß eigenen Grund und Boden, und ihm gehörte eins der ältesten Anwesen in Oxford und seiner näheren Umgebung. Im Blick auf die Frage nach dem Verhältnis des Künstlers zur Welt kommt der Kauf des Hauses einer demonstrativen Geste gleich. Man glaubt, den Wunsch Faulkners zu spüren, dem eigenen Leben Gewicht zu verleihen und sich in die Geschichte seiner Vorfahren einzugliedern. Der Kontrast zu der flüchtigen, haltlosen Lebensweise der «armen Weißen» in *Als ich im Sterben lag*, aber auch zu der Existenznot Quentin Compsons ist offensichtlich.

Im Juni zog die Familie ein. Faulkner selbst erledigte viele der notwendigen Handwerkerarbeiten und begann mit Hilfe von weiteren Darlehen und den gelegentlich überwiesenen Honoraren für seine Kurzgeschichten, das Gebäude zu restaurieren. Er gab seinem Besitz den Namen *Rowan Oak*, den er aus einer Passage im Werk des berühmten Ethnologen James George Frazer ableitete. Wie Frazer berichtet, sollen Stücke des «rowan tree» einem in Schottland verbreiteten Aberglauben zufolge Hexen fernhalten. Neben den Arbeiten am Haus versuchte Faulkner, mit dem Schreiben von Kurzgeschichten das Geld wenigstens für den Lebensunterhalt zu verdienen. Und er hatte Erfolg – im Laufe des Jahres 1930 konnte er immerhin zwölf seiner Erzählungen verkaufen, zumeist an große Zeitschriften und für beträchtliche Honorare. Zu den vier in diesem Jahr veröffentlichten Erzählungen gehört *Eine Rose für Emily (A Rose for Emily)*, seine heute wohl bekannteste Geschichte.

Doch ihn beschäftigte bereits ein weiteres, größeres Vorhaben. Schon im Mai 1929 hatte er die erste Version des Romans *Die Freistatt* fertiggestellt, die sein Verleger jedoch umgehend abgelehnt hatte, mit der Bemerkung, daß sie beide im Gefängnis landen würden, sollte der Verlag es wagen, das Buch zu drucken. Dennoch erhielt Faulkner jetzt die Druckfahnen zugeschickt. In seinem späteren Vorwort nannte er die erste Fassung *einen billigen Einfall, in der ausdrücklichen Absicht geschrieben, Geld zu verdienen. [...] Ich nahm mir die Zeit, um herauszufinden, was jemand in Mississippi wohl für derzeit modern halten würde, suchte die in meinen Augen richtige Antwort aus und erfand die entsetzlichste Geschichte, die ich mir vorstellen konnte. Die schrieb ich dann in ungefähr drei Wochen auf.*[75] Auf Grund dieser Äußerung hat man *Die Freistatt* oft vernachlässigt und darüber vergessen, daß Faulkner das ursprüngliche Ma-

Plakat zu dem Film «Sanctuary»

nuskript – der Roman erschien im Februar 1931 – einer gründlichen Revision unterzog. Der Ruf des Buches als eine Art moderner Schauerroman ist nur zum Teil berechtigt, auch wenn es, wie Faulkner sagte, *von einem Mädchen handelt, das mit einem Maiskolben vergewaltigt wird*[76]. Mit seiner Bemerkung, «*Die Freistatt* – das ist der Einbruch der griechischen Tragödie in den Kriminalroman»[77], trifft André Malraux das merkwürdige Doppelantlitz des Buches: Das sensationelle Geschehen mit Handlungsmotiven wie Mord, Notzucht und abartiger Sexualität erinnert ebenso an die Gattung des Kriminalromans wie das Motiv der Aufklärung eines Verbrechens und die Suche nach dem Täter; auf der anderen Seite werden die Macht und der Einfluß des Bösen derart eindringlich vergegenwärtigt, daß der Vergleich mit der Form der großen Tragödie nicht unberechtigt erscheint.

In *Die Freistatt* wechselte Faulkner abermals das Milieu. Die Handlung spielt in Gangsterkreisen, unter Schnapsbrennern und Zuhältern, korrupten Staatsanwälten, Politikern und Richtern; die im Titel genannte *Freistatt* (*sanctuary*) könnte sich sowohl auf den Gedanken beziehen, daß *jeder einen sicheren, geschützten Ort haben muß, zu dem er flüchten kann, wenn er in Not ist*[78], wie, in der für Faulkner typischen Ironie, auf das Bordell in Memphis, in dem der Erzähler eine Reihe von besonders schockierenden Episoden ansiedelt. Der Roman demonstriert die Macht des Bösen in vielfältiger Weise: in der sexuellen und moralischen Korruption des Mädchens mit dem sprechenden Vornamen *Temple* Drake, in der Unehrlichkeit und Bestechlichkeit führender Politiker und Richter, in der Scheinheiligkeit der Gesellschaft der Stadt Jefferson, vor allem ihrer Frauen, in der Mordlust eines aufgebrachten Mobs. Der einzige, der gegen das Böse ankämpft, der Rechtsanwalt Horace Benbow (Faulkner nahm diese Gestalt aus *Sartoris* wieder auf und verarbeitete Material, das in dem früheren Roman keine Aufnahme gefunden hatte), erweist sich als schwach und ist selbst moralisch gefährdet. Er unterliegt in seinem Kampf gegen die Gesellschaft der Stadt ebenso wie im Kampf gegen den einzelnen Verbrecher und die diesen aus selbstsüchtigen Motiven schützende Justiz. In der Figur des Gangsters Popeye hat Faulkner einen seiner abstoßendsten Charaktere geschaffen: *Er sah einen Mann unter Mittelgröße, […] die Hände in den Rocktaschen, eine Zigarette schief über dem Kinn. Sein Anzug war schwarz, der Rock knapp, hochtalllieit. Seine Hosen waren einmal umgeschlagen und klebten vor Schmutz über lehmverkrusteten Schuhen. Sein Gesicht hatte eine sonderbare, blutleere Farbe, ganz als sähe man es in elektrischem Licht; vor der sonnigen Stille, in seinem schief sitzenden Strohhut und mit den leicht angewinkelten Armen sah er bösartig aus, wie gestanztes Blech.*[79] Daß wir über die Gedanken und Empfindungen Popeyes so gut wie nichts erfahren, erhöht die unheimliche Wirkung dieser Gestalt und betont ihre unmenschlichen Züge. Der Triumph des Bösen ist um so nachhaltiger, als Temple Drake gerade die-

Faulkner mit seiner Frau Estelle

sem Menschen verfällt und durch ihn, nachdem er sie vergewaltigt hat, in eine perverse Form sexueller Abhängigkeit gebracht wird. Später schrieb Faulkner seinem französischen Übersetzer: *Ich sehe ein, daß ich im Hinblick auf die Sexualität einen entschieden puritanischen Zug habe [...]. Ich war mir dessen nicht bewußt. Aber jetzt, wenn ich zurückgehe und [...] hier und dort in meinem Werk nachlese, erkenne ich ihn deutlich.*[80] Daß ihn die Verbindung von weiblicher Sexualität und moralischem Verfall als Thema interessiert, beweist erneut der auf *Die Freistatt* folgende Roman *Licht im August*.

Mit *Die Freistatt* erntete Faulkner zweifelhaften Ruhm. Die Auflagenziffern waren erheblich höher als die der früheren Romane, und schon im Frühjahr 1931 waren 7000 Exemplare verkauft, mehr als von *Schall und Wahn* und *Als ich im Sterben lag* zusammen. Die Besprechungen waren unterschiedlich; viele betonten vor allem den Sadismus und die Brutalität, die das Buch angeblich kennzeichnen. In der Heimatstadt des Autors war man entrüstet und empfand den Roman als eine Verunglimpfung des Südens. Faulkners Vater versuchte, den Verkauf des Buches in Oxford zu unterbinden, und noch Jahre später sprach man dort über die Schande,

53

die Faulkner über die Stadt gebracht habe. Es gab freilich auch andere Reaktionen: Faulkner wurde mit Dostojevskij, Edgar Allan Poe, Ambrose Bierce verglichen und als Euripides der Südstaaten apostrophiert. Die Zahl seiner Leser in England nahm zu, in Frankreich bereitete Gaston Gallimard eine französische Ausgabe von *Die Freistatt* und *Als ich im Sterben lag* vor.

Ein Zeichen seines wachsenden Ruhms war eine Einladung, im Oktober 1931 an einem Treffen südstaatlicher Autoren in Charlottesville in Virginia teilzunehmen. Faulkner akzeptierte, warnte den Gastgeber aber schon in seinem Antwortbrief: *Sie haben sicher schon einen Bauernwagen in die Stadt kommen sehen, und auch den Hund, der unter dem Wagen angebunden ist. Auf dem Square hält er, und die Leute steigen aus, doch der Hund geht nicht weit vom Wagen weg. Man kann ihn vielleicht ein kurzes Stück hervorlocken oder -scheuchen, aber im Nu hat er sich wieder unter den Wagen verdrückt; vielleicht knurrt er ein wenig. Das also bin ich.*[81]

Faulkners Auftreten in Charlottesville bestätigte den Ruf, der ihm später immer wieder vorauseilte: «Kaum angekommen, hat sich Bill Faulkner betrunken. Von Zeit zu Zeit tauchte er auf, betrank sich sofort wieder, und verschwand. Er fragte einen ständig danach, ob man etwas zu trinken habe. Wenn er nichts bekam, trank er aus seinem eigenen Vorrat.»[82] Die Tagung leitete eine der langen, periodisch wiederkehrenden Phasen ein, in denen Faulkner trank. Die folgenden Wochen glichen einer Irrfahrt. In Begleitung seines Verlegers Harrison Smith begab sich Faulkner zunächst nach New York, wo ihn verschiedene andere Verlage mit großzügigen Angeboten umwarben. Um ihn von der Konkurrenz fernzuhalten, schickte Smith ihn auf einem Schiff nach Florida; von dort aus fuhr Faulkner zunächst nach Chapel Hill in North Carolina und kehrte anschließend nach New York zurück. Im November schrieb er seiner Frau einen euphorisch gestimmten Brief: *Hier habe ich die reinste Sensation hervorgerufen. Seit einer Woche habe ich Tag für Tag mir zu Ehren Lunch-Einladungen von Zeitschriften-Redakteuren, außerdem Abend-Einladungen, oder die Leute wollen wissen, wie ich aussehe. Tatsächlich habe ich mit Erstaunen gemerkt, daß ich jetzt der wichtigste Mann der amerikanischen Literatur bin. Das heißt, ich habe die besten Aussichten. Sogar Sinclair Lewis und Dreiser verabreden sich mit mir, und Mencken kommt extra von Baltimore herauf, um mich zu sprechen. Ein Glück, daß ich einen kühlen Kopf habe und nicht eingebildet bin. Nein, ich glaube nicht, daß es mir zu Kopf gestiegen ist. Jedenfalls schreibe ich, arbeite am Roman und an einer Kurzgeschichte, für die mir Cosmopolitan vermutlich 1500 Dollar zahlen wird.*[83] Die Einladungen und gesellschaftlichen Begegnungen häuften sich und brachten Faulkner an den Rand physischer und psychischer Erschöpfung. Am Ende des Monats traf Estelle in New York ein, um ihren Mann nach Hause zu holen. Im Dezember traten sie gemeinsam die Rückkehr nach Oxford an.

Faulkner unternahm in späteren Jahren wiederholt ähnliche Ausflüge nach New York, gewöhnlich nachdem ein Manuskript abgeschlossen und die starke Spannung, unter die ihn jede neue größere Arbeit stellte, gewichen war. Die Aufenthalte in der Großstadt waren Erholung und Befreiung zugleich, oftmals verbunden mit intensivem und ausgedehntem Alkoholgenuß. Faulkner trank regelmäßig; ihm war das Trinken eine tägliche Gewohnheit und zugleich bei vielen Gelegenheiten eine Möglichkeit zur Flucht – vor anderen Menschen, vor dem Druck der Arbeit, vor dem Gefühl der Leere nach der Beendigung eines Werkes, vor Sorgen und lästigen Pflichten aller Art. Sein Stiefsohn Malcolm Franklin, der von seinen «Perioden starken Trinkens» spricht, die «vielleicht zwei- bis dreimal jährlich wiederkehrten und drei bis sechs Wochen andauerten»[84], hält ihn dennoch nicht für einen Alkoholiker, wohl aber für einen starken Trinker. Ob Alkoholiker oder nicht, daß Faulkner zu exzessivem Trinken neigte, steht außer Frage. Wenn er sich entschieden hatte, für eine gewisse Dauer zu trinken – gewöhnlich plante er solche Phasen im voraus –, «legte er sich einen Whiskyvorrat an und zog sich, nach einem Stadium der Ausgelassenheit, in sein Bett zurück, wo er weitertrank, bis er einschlief oder in einen Dämmerzustand versank. Wieder bei Bewußtsein, trank er weiter, bis er nach Tagen und Nächten langsam in die Welt zurückkehrte.»[85] Häufig waren Entziehungskuren notwendig, doch oft stand Faulkner die Phase der Entwöhnung auch mit eigener Kraft durch. Ob der Alkohol seine Arbeitsweise beeinflußt hat und inwieweit er auch während des Schreibens trank, ist eine offene Frage. Malcolm Franklins Beobachtung, daß er «nie ernsthaft trank, wenn er wirklich schrieb»[86], wird vom Zustand der meisten Manuskripte bestätigt; allerdings gibt es auch von dieser Regel Ausnahmen. Gibt es eine Erklärung für Faulkners übermäßiges Trinken? Seine Ursachen zu erforschen, wird man dem Psychologen überlassen; sicher ist, daß Faulkner durchweg mit der Absicht trank, jegliches Bewußtsein auszulöschen. Nicht selten erscheint seine Art des Alkoholkonsums wie ein Akt der Selbstverleugnung und läßt einen an seine vehemente Diskreditierung der Biographie des Künstlers denken – besteht hier möglicherweise ein Zusammenhang? Da wir bisher keinerlei Psychogramm des Autors besitzen, sind wir ganz auf Vermutungen angewiesen. Auffällig bleibt, wie wenig Faulkner je über sich selbst verraten hat. Es ist immerhin denkbar, daß er den Alkoholrausch als eine besonders wirksame Möglichkeit betrachtet hat, sich der Welt auf seine Weise zu entziehen.

Schon vor der Reise nach Charlottesville und New York hatte er die Arbeit an einem neuen Roman aufgenommen. Wie er später sagte, rief der Titel – *Licht im August* (*Light in August*) – eine besondere Erinnerung in ihm wach: *Im August gibt es um die Mitte des Monats herum ein paar Tage, wo man plötzlich einen Vorgeschmack des Herbstes bekommt; es ist kühl,* und das Licht hat eine besonders helle, strahlende Qualität [...]. Es dauert nur einen oder zwei Tage, dann verschwindet es wieder, aber in meinem Land wiederholt sich dies jedes Jahr im August.[87] Das Licht im August, heißt es weiter, öffne den Blick in eine ältere Vergangenheit, in die alten, klassischen Zeiten, älter als unsere christliche Zivilisation. Mit seiner Deutung des Titels wies Faulkner die Vermutung zurück, er habe mit der

Titelseite der deutschen Erstausgabe von «Licht im August»

Wendung *light in August* (*leicht im August*) in Anlehnung an eine ländliche Redensart eine der Personen des Romans gemeint, die im August ihr Kind zur Welt bringt; er erinnert uns daran, welche besondere Rolle das Licht in seiner Vorstellung spielt. Häufig ist es allerdings gerade das diffuse Licht der Dämmerung, das Zwielicht eher als das klare Tageslicht, in das seine Welt getaucht ist. Bezeichnenderweise war als Titel für den Roman *Schall und Wahn* zunächst *Twilight* (*Zwielicht*) vorgesehen.

Späteren Äußerungen zufolge begann Faulkner *Licht im August* ohne festen Plan. Wiederum stand ein Bild am Anfang des Romans – die Erscheinung Lena Groves, *einer jungen Frau, die, schwanger, eine fremde Landstraße entlang wandert*[88]. Im Text wird das Bild ausgemalt: *Fast vier Wochen war sie nun so gewandert. Die vier Wochen hinter ihr, das aus der Tiefe nachrauschende Weit, weit: es ist ein friederfüllter Korridor; sein Boden ist nimmer wankender, gelassener Glaube, und freundliche, namenlose Gesichter und Stimmen bevölkern ihn [...]. Aus Tag ist Dunkel geworden, aus Dunkel wird Tag; es sinkt nun zurück, dieses lange, monotone Hintereinander friedvoller, sich niemals wandelnder Übergänge, das sie [...] in immer gleichen langsamen Maultierwagen durchmessen hat.*[89]

Wir wissen nicht, wie Faulkners Einbildungskraft gearbeitet hat, aber der Gedanke liegt nahe, daß es ihn reizte, dieser ruhigen, gleichmäßigen, in einen natürlichen Wandel eingebetteten Bewegung eine andere gegenüberzustellen, die sich aus ganz anderen Motiven speiste – die lebenslange Flucht des Helden des Romans, Joe Christmas, der *verflucht ist zur Bewegung, gejagt von dem Mute abgehetzter und verbrauchter Verzweiflung* und wie unter einem Zwang *den tausend Straßen seines Lebens folgt.*[90] Während Lena Grove das *gesunde Geschlecht hervorbringt, das, seiner Bestimmung still gehorchend, die gute Erde bevölkert,* flieht Joe Christmas vor allem Lebendigen und gerät in panische Angst zumal vor *dem lichtlosen, heißen, feuchten, erstgeborenen Weiblichen.*[91] Faulkner macht die Entfremdung seines Helden von der menschlichen Gemeinschaft dadurch besonders eindringlich, daß er ihn an seiner Herkunft zweifeln und im unklaren darüber läßt, ob er ein Weißer oder ein Schwarzer ist: *Joe Christmas wußte nicht, was er war. Er wußte, daß er niemals wissen würde, was er war. Seine einzige Rettung, um mit sich selbst leben zu können, war es, die Menschheit im ganzen abzulehnen, außerhalb der menschlichen Rasse zu leben. Und das versuchte er zu tun, aber niemand erlaubte es ihm, die menschliche Rasse selbst ließ es nicht zu. [...] Seine Tragödie bestand darin, nicht zu wissen und niemals erfahren zu können, was er war, und das ist für mich die tragischste Situation, in die ein einzelner geraten kann.*[92]

Christmas' Zweifel an seiner Identität ist eng verbunden mit seinem Haß auf alles Weibliche. *Das Weib war es: jene weiche Freundlichkeit, zu der er sich auf immer und ewig als Opfer verurteilt glaubte und die er ärger haßte als die harte und unbarmherzige Gerechtigkeit der Männer.*[93] Als er über die Monatsregel der Frau aufgeklärt wird, *glaubte er, eine Reihe immer kleiner werdender, anmutig geformter Urnen im bleichen Mondlicht zu sehen. Und nicht eine davon war ganz. Jede war gesprungen, und aus jedem Spalt kam etwas Flüssiges, Todesfarbenes und Häßliches.*[94] Seine späteren Erfahrungen mit der ungezügelten, hemmungslosen Sexualität einer reiferen Frau bestätigen ihn in seiner Ablehnung. Er fühlt sich wie ein Mann, der *in einen bodenlosen Morast hinabgezogen wird*, fürchtet, daß *ihre Verderbtheit, die sie aus der Luft selbst zu holen schien*, auch ihn korrumpieren wird und flieht vor *ihrer Üppigkeit*, die *bereit* ist, *bei der ersten Berührung in Fäulnis zu zerfließen, wie etwas, das in einem Sumpf wächst.*[95]

Die Flucht des Joe Christmas kommt zu ihrem Ende, nachdem er seine Geliebte ermordet hat. In das Muster der verschiedenen Bewegungen in *Licht im August* gehört indessen ein weiteres Bild – das des unbeweglich an seinem Fenster sitzenden Geistlichen Gail Hightower, der jeden Abend erneut auf die Vision wartet, die sein einziger Lebensinhalt ist: die Erscheinung seines im Bürgerkrieg während eines wilden Galoppritts erschossenen Großvaters. Hightower *flieht in die Vergangenheit*[96] und verliert über diese Flucht alle Beziehungen zur Gegenwart. Einmal nach Jefferson berufen, weigert er sich, die Stadt wieder zu verlassen, auch nachdem ihm längst seine Pfarrstelle genommen ist.

Licht im August scheint zunächst einfacher und konventioneller erzählt zu sein als *Schall und Wahn* oder *Als ich im Sterben lag*. Doch dieser Eindruck trügt. Das zeitliche Gefüge des Romans ist durchaus kompliziert, da der Fluß des Erzählens immer wieder durch lange Rückblicke und Zeitsprünge unterbrochen wird. Die Komplexität des Buches wird dadurch erhöht, daß Faulkner im Grunde mindestens drei verschiedene Geschichten erzählt – die Lena Groves, Joe Christmas' und Gail Hightowers, die zwar lose miteinander verknüpft sind, aber dennoch in gewisser Weise selbständig bleiben. Um so wichtiger werden die kompositorischen Mittel (wie etwa das genannte Motiv der Bewegung), mit deren Hilfe die verschiedenen Handlungsstränge miteinander verbunden werden. Sie sorgen dafür, daß aus der Vielfalt disparater Episoden und Charaktere ein Zusammenhalt entsteht. Auf die sich derart ergebenden Muster formaler wie inhaltlicher Art kann hier nicht näher eingegangen werden, ein Motiv verdient es jedoch, besonders erwähnt zu werden, weil es etwas über Faulkners Auseinandersetzung mit seiner eigenen näheren Umwelt verrät.

Gemeint ist das Motiv der Religion, genauer des religiösen Fanatismus, wie er gerade auch im tiefen Süden der Vereinigten Staaten verbreitet war und ist. Bisweilen scheint es, als wolle Faulkner die fanatische Gläubigkeit einzelner seiner Personen für das Unheil verantwortlich machen, das Joe Christmas widerfährt. Dessen Großvater, beherrscht von religiösen Wahnvorstellungen, setzt das Kind aus, weil es *in Unzucht und Schande* gezeugt ist, verbreitet das Gerücht, daß der Junge ein Neger sei und plädiert am Ende dafür, daß Christmas gelyncht wird; sein Pflegevater, ein strenggläubiger Calvinist, will durch härteste körperliche Züchtigung das Seelenheil des Kindes erzwingen. Auch wenn man zwischen den Ereignissen in der Kindheit Christmas' und dessen späterem Verhalten keinen einfachen Kausalzusammenhang herstellen kann – der Gedanke einer so verstandenen psychologischen Entwicklung ist Faulkner fremd –, ist es bezeichnend, daß Christmas zum Mörder wird, als seine Geliebte ihn auffordert, für die Vergebung seiner Sünden zu beten. Das Bild einer sich allem Natürlichen widersetzenden protestantischen Religion, das Faulkner in den beiden Männern zeichnet, wird an anderer Stelle des Romans und auf einer anderen Ebene wiederaufgenommen, wenn der Geistliche Hightower über die Orgelklänge aus seiner alten Kirche meditiert: Noch in ihrer Feierlichkeit *hat die Musik [...] etwas Strenges und Unversöhnliches, etwas Überlegtes, sie entbehrt alles Leidenschaftlichen, alles Aufopferungsvollen und, wie alle protestantische Musik, fleht, bittet sie nicht um Liebe, nicht um Leben, sie untersagt es dem anderen, heischt in brausenden Tönen den Tod, als wäre der Tod die Gnade.* Hightowers Gedanken gipfeln in der Frage: *Warum sollte ihre Religion die Menschen also nicht dazu treiben, sich selbst und einander ans Kreuz zu schlagen?*[97] Anders als in *Schall und Wahn*, wo der Ostergottesdienst der Schwarzen als ein Zeichen der Hoffnung gesehen werden kann, verbindet sich in *Licht im August* mit dem Wort der Kirche vor allem die Vorstellung von Bigotterie, Lebensflucht, Angst und Gewalttätigkeit.

Licht im August erschien im August 1932. Die Kritiken waren durchweg lobend, der Erzähler selbst aber stand dem fertigen Roman, wie er später sagte, eher distanziert gegenüber und vermißte jene Freude, die er bei dem Erscheinen von *Schall und Wahn* empfunden hatte. Eine besondere Stellung nimmt das Buch in der Rezeptionsgeschichte Faulkners in Deutschland ein. Nicht nur war es sein erster ins Deutsche übertragene Roman überhaupt – eine Übersetzung erschien bereits 1935 im Rowohlt Verlag –, sondern auch der erste, der nach dem Zweiten Weltkrieg in Deutschland veröffentlicht wurde. Bis heute ist *Licht im August* das im deutschen Sprachraum am weitesten verbreitete Werk des Erzählers geblieben.

Das Jahr 1932 markiert einen spürbaren Einschnitt im Leben wie im Schaffen Faulkners. Am 15. April unterschrieb er seinen ersten Vertrag mit den Metro-Goldwyn-Mayer Studios in Hollywood. Für 500 Dollar wöchentlich verpflichtete er sich, sechs Wochen lang als Drehbuchautor in Hollywood zu arbeiten. Er brauchte Geld, weil er durch den wirtschaftlichen Ruin seines früheren Verlegers erhebliche finanzielle Verluste erlitten hatte. Sein nächster großer Roman, *Absalom, Absalom!*, erschien erst nach einer Pause von vier Jahren.

Vergegenwärtigen wir uns noch einmal den Weg, den Faulkner in den drei Jahren seit dem Erscheinen von *Sartoris* zurückgelegt hat. In rascher Folge sind vier große Romane entstanden, daneben zahlreiche kürzere Erzählungen. Der vormals kaum bekannte Schriftsteller hat sich in der literarischen Welt Amerikas wie Europas einen Namen erworben und erhält lukrative Angebote aus der Filmindustrie in Hollywood. Er hat sich befreit von den Vorbildern, die seine frühen Versuche prägen, und seine eigene Stimme gefunden – ohne Anregungen von außen, allein auf sich gestellt und von seiner Umgebung eher mit Mißtrauen als mit Zustimmung betrachtet. Er verfügte weder über eine umfangreiche Bibliothek noch war er, im herkömmlichen Sinne, gebildet. Seine Werke entsprangen einer schöpferischen Kraft, die ganz und gar in ihm selbst ruhte. Später sagte er: *Ich weiß nicht, woher es kam. Ich weiß nicht, warum Gott oder die Götter oder wer immer es war, mich als Gefäß ausersehen hat.* [...] *Ich spreche nicht aus Demut, aus falscher Bescheidenheit: es ist einfach Verwunderung.*[98] In solchen Sätzen scheint Faulkner neben sich zu stehen, nachdenklich, ohne Eitelkeit, doch seiner Leistung völlig sicher. Er akzeptierte seine Begabung, erklärlich wurde sie ihm nicht: *Ich weiß nicht, woher es kam.*

Hollywood

Als Faulkner in Hollywood eintraf, «ein kleiner Mann, scheu, zurückhaltend und mit leiser Stimme sprechend, außerordentlich schmal, mit kurzen, eisengrauen Haaren und dem Anflug eines schwarzen Schnurrbarts»[99], war er verwirrt von der neuen, ungewohnten Umgebung und dem hektischen Betrieb um ihn herum. Man zeigte ihm sein kleines Büro, führte ihm Filme vor, um ihm seine Aufgabe zu erläutern, doch er winkte ab. *Kann ich Wochenschauen schreiben*, fragte er, *Wochenschauen und Mickey Maus sind die einzigen Filme, die ich mag.*[100] Er tauchte für einige Tage unter; später behauptete er, er sei in der Wüste von Death Valley, im Tal des Todes, umhergewandert. Wie immer bei ähnlichen Anlässen hat er getrunken.

Alles in allem verbrachte Faulkner fast vier Jahre in Hollywood. Die Dauer seiner Aufenthalte schwankte zwischen Abschnitten von drei bis vier Wochen und qualvollen, nur durch kurze Urlaube unterbrochenen Perioden von über einem Jahr. *Das hier ist eine nette Stadt voll sehr reicher Mittelstandsleute, die das Großhirn oder die Seele noch nicht entdeckt haben*, schrieb er noch 1951[101], und wann immer er dort war, klagte er über seine Sehnsucht nach Mississippi: *Ich mag diesen verdammten Ort noch immer nicht und habe ihn nie gemocht. Es gibt einen Trost: Wenigstens kann ich morgen nicht noch heimwehkranker nach Mississippi sein als gestern.*[102] Oder es heißt: *Ich zerspringe fast vor Ungeduld, nach Hause zu kommen; ich wünschte, ich wäre zu Hause*, und: *Ich habe Heimweh genug.*[103] Faulkner hat Hollywood gehaßt.

Er war einer von Hunderten von Schriftstellern, die in den dreißiger und vierziger Jahren als Drehbuchautoren ihr Brot verdienten. Unter ihnen waren so berühmte Autoren wie F. Scott Fitzgerald, Nathanael West und Aldous Huxley, weniger bekannte wie James Agee oder Budd Schulberg und neben diesen das große Heer jener, deren Namen wohl den Eingeweihten, aber nicht dem breiteren literarischen Publikum vertraut waren. Die Einkommen waren hoch und stiegen mit der Zahl der Filme, in deren Vorspann man genannt wurde. Gewöhnlich wurden die Autoren für eine befristete Zeit von einem der großen Studios angestellt und einem Team zugeordnet, das mit einem bestimmten Projekt befaßt war, wobei die Projekte ebenso schnell und häufig wechseln konnten wie die

Zusammensetzung der Teams. So hat Faulkner in der einen oder anderen Weise an nahezu fünfzig verschiedenen Filmvorhaben mitgewirkt, von denen jedoch längst nicht alle realisiert worden sind. Seine Arbeit bestand darin, vorgegebene Stoffe für einen Film einzurichten, Szenen zu entwerfen oder zu ändern, Dialoge zu schreiben, Drehbücher anzufertigen oder auch während der Dreharbeiten zur Stelle zu sein, um dem Regisseur oder den Schauspielern neues, zusätzliches Material zu liefern. Es gab feste Dienstzeiten, ein vorgeschriebenes Arbeitspensum, genaue Verhaltensregeln – Gründe genug für einen Mann von Faulkners Temperament, immer wieder gegen sein Schicksal zu wettern und seine Arbeit *im Salzbergwerk* zu verfluchen.[104]

Seine Einstellung dieser Tätigkeit gegenüber war von einem Gedanken bestimmt: Er war in Hollywood, um Geld zu verdienen. Befragt, wie er den ihm fremden Dienst ertragen habe, antwortete er: *Ich habe mir immer gesagt: «Am Sonnabend kriege ich mein Geld. Am Sonnabend kriege ich mein Geld.»*[105] Als eigenständiges Medium hat ihn der Film wenig interessiert, aber er war bereit, die von ihm geforderte Arbeit zu leisten. *Ich weiß, daß ich nie ein guter Filmautor werde*, sagte er in einem Interview, *darum wird diese Arbeit niemals die Dringlichkeit für mich haben wie mein eigenes Medium. [...] Aber wenn ich die Filmarbeit nicht ernst nähme oder überzeugt wäre, daß ich sie ernst nehmen könnte, hätte ich sie nicht versucht, einfach aus Ehrlichkeit gegenüber dem Film, und auch mir selbst gegenüber.*[106]

Entscheidend für seine Zukunft in Hollywood wurde die Begegnung mit dem Regisseur Howard Hawks. Hawks, der vor allem «Action»-Filme drehte, war an Faulkners Fliegergeschichte *Der Reihe nach* (*Turn About*) interessiert und gab ihm den Auftrag, ein filmisches Exposé des Stoffes anzufertigen. Aus der Zusammenarbeit der beiden an dem Film «Today We Live», der aus dem mehrfach veränderten Entwurf Faulkners entstand, entwickelte sich eine lebenslange Freundschaft zwischen Autor und Regisseur. Hawks holte Faulkner nach Hollywood zurück, wenn dieser in finanzieller Bedrängnis war, und stellte sich schützend vor ihn, wenn er bei den allmächtigen Produzenten in Ungnade gefallen war. Faulkner schätzte Hawks persönlich wie beruflich. *Ich arbeite gern für Hawks*, sagte er später. *Das Schreiben für den Film ist nicht gerade mein Metier, aber mit ihm komme ich zurecht. Gewöhnlich gehen wir eine Szene durch, und er sagt: «So müssen wir den Kern der Szene herausbringen.» Dann setze ich mich hin und schreibe sie.*[107] In der Tat scheint es eine Stärke Faulkners gewesen zu sein, einzelne Szenen eines Films durch geschickte Einfälle zu verbessern. *Ich bin eine Art Doktor, der die Schönheitsfehler beseitigt*, schrieb er schon während seiner ersten Zeit in Hollywood an seine Frau, und noch fünfzehn Jahre später sagte er vor Studenten der Universität von Mississippi: *Ich bin ein Film-Doktor. Wenn sie auf eine Stelle stoßen, die sie nicht mögen, schreibe ich sie um und schreibe sie*

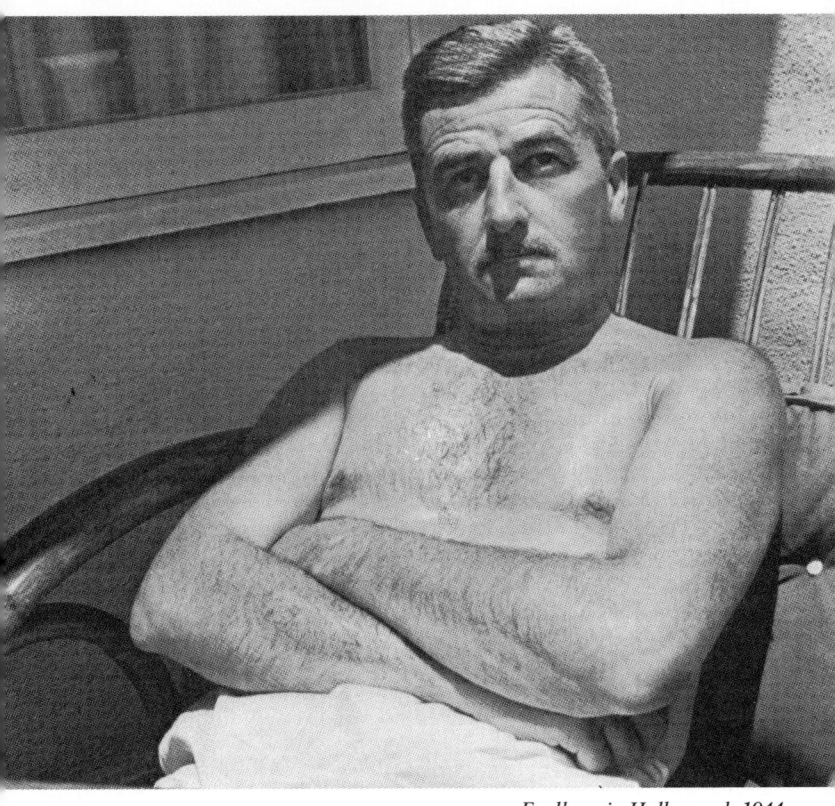

Faulkner in Hollywood, 1944

so lange um, bis sie sie mögen. [...] Ich schreibe keine Drehbücher. Davon verstehe ich nicht genug.[108]

Solcher Behauptung zum Trotz hat Faulkner eine Reihe von Drehbüchern verfaßt und an vielen anderen mitgearbeitet. In mindestens sechs Filmen erscheint er als einer der Drehbuchautoren – in «Today We Live», «The Road to Glory», «Slave Ship», «To Have and Have Not» («Haben und Nichthaben»), «The Big Sleep» («Tote schlafen fest») und «Land of the Pharaos» («Land der Pharaonen»); sein Anteil an anderen Filmen war nicht unerheblich. Das Urteil von Howard Hawks über ihn ist uneingeschränkt positiv: «Er ist erfindungsreich, hat Geschmack, kann gut Charaktere zeichnen und hat die visuelle Vorstellungskraft, um diese Eigenschaften für das Medium der Leinwand umzusetzen. Er ist intelligent und entgegenkommend – ein Meister seines Faches, der seine Arbeit ohne viel Aufhebens erledigt.»[109] Sein Fleiß und seine Produkti-

Howard Hawks bei Dreharbeiten zu dem Film «Today We Live» mit Gary Cooper und Joan Crawford, 1933

vität verblüfften Mitarbeiter und Auftraggeber. In der ersten Woche bei Metro-Goldwyn-Mayer schrieb er nicht weniger als vier verschiedene Exposés; eine vorläufige Fassung von *Turn About* konnte Howard Hawks dem Produzenten Irving Thalberg schon nach fünf Tagen abliefern. Eine Schwierigkeit allerdings bereitete die Art des Materials, das Faulkner präsentierte. Einer seiner Kollegen erinnert sich daran, daß er «großartige Dinge» schrieb, «aber sie hatten wenig mit dem zu tun, was damals Film war. Es waren lange Reden, praktisch im Blankvers, und manchmal zwei bis drei Seiten lang.»[110] Sein «umschreibender Stil und seine endlosen Sätze» entsprachen nicht den Erfordernissen des Films und dessen «knapper, telegrammartiger Sprache»[111]. Man versteht das Erstaunen Humphrey Bogarts, der angesichts einer von Faulkner neu geschriebenen, sechs Seiten langen Dialogpassage in «Haben und Nichthaben» fragte: «Das soll ich alles sagen?»[112] Faulkners Tagesproduktion konnte sich bis auf 35 Seiten Text steigern, die dann von anderen überarbeitet und redigiert oder auch kurzerhand gestrichen wurden. Als Kollegen ihm ihr Leid über Schwierigkeiten mit Drehbüchern klagten, meinte er: *Ich verstehe nicht, warum ihr solche Probleme habt. Ich schreibe einfach.*[113]

Wie ernst Faulkners für den Film verfaßte Texte zu nehmen sind, ist schwer zu beurteilen. Auffällig ist, daß er anscheinend fast alle Projekte mit der gleichen, neutralen Distanz anging – ob die Vorlage ein Roman von Hemingway oder Raymond Chandler, eine Biographie de Gaulles oder eine Geschichte über einen Sklaventransport war, er tat das, was von ihm gefordert wurde, zeigte darüber hinaus aber keinerlei Ehrgeiz oder Engagement. Seine Indifferenz gegenüber seinen Texten ist bezeichnend – was mit seinen Entwürfen geschah, wenn er einem neuen Film zugeteilt wurde, interessierte ihn nicht; auch machte er keine Besitzansprüche geltend oder legte besonderen Wert darauf, daß sein Name in der «screencredits» erwähnt wurde. Bedenkt man, wie gründlich er andererseits bei seinen Romanen Korrektur las und wie entschieden er sich auch gegen kleinste Änderungen seiner Manuskripte verwahrte, bleibt nur der Schluß, daß er zwischen seinen literarischen Schöpfungen und seiner Arbeit für den Film eine scharfe Trennungslinie zog. Eine Passage in einem Brief an seinen Verleger, geschrieben nach der Rückkehr von einem längeren Aufenthalt in Hollywood, bestätigt dies: *Uns geht es allen gut. Ich habe drei Geschichten fertiggestellt, seitdem ich den Film verlassen habe. Ich habe während meiner Zeit flußabwärts also nicht vergessen, wie man schreibt.*[114] Je länger er für den Film arbeitete, desto schwerer wurde es ihm jedoch, *Hollywood aus* [s]*einem Blut zu bekommen*[115]. Zwar meinte er bisweilen: *Ich kann 6 Monate in Hollywood arbeiten und 6 Monate zu Hause sein, daran habe ich mich jetzt gewöhnt und habe die Arbeit für den Film in ein anderes Zimmer gesperrt*[116], doch am Ende überwiegen die Klagen: *Das Problem mit dem Film ist nicht so sehr die Zeit, die ich dort vergeude, sondern die Zeit, die es mich kostet, mich zu erholen und wieder zur Ruhe zu kommen.*[117] In einem Brief aus dem Jahre 1945 zog er ein bitteres Fazit: *Ich finde, daß ich von Hollywood mehr gehabt habe, als ich ertragen kann. Ich fühle mich schlecht, niedergeschlagen, furchtbare Gewißheit, Zeit zu vergeuden.*[118] Im selben Jahr richtet er eine fast verzweifelte Bitte an Jack Warner, ihn aus seinem Vertrag zu entlassen: *Ich finde, daß ich mit dem Drehbuchschreiben durchgefallen bin und deshalb Zeit vergeudet habe und weiterhin vergeuden werde, was ich mir in meinem Alter nicht leisten kann. Während meiner drei Jahre bei Warners (einschließlich der unbezahlten Urlaubstage), habe ich 5 oder 6 Skripts bearbeitet, so gut es mir möglich war. Nur zwei wurden gedreht, und ich glaube, daß ich die Anerkennung dafür nicht der Qualität der von mir geleisteten Arbeit, sondern der Freundschaft von Regisseur Howard Hawks verdanke. Ich habe also drei Jahre an eine Arbeit verwendet, die ich zu erledigen versuchte, die aber nicht meine starke Seite ist und die zu erledigen ich nicht vorgebildet war, und deshalb habe ich die Zeit schlecht angewandt, die zu vergeuden ich mir als 47 Jahre alter Romanschriftsteller nicht leisten konnte. Und ich wage es nicht, noch mehr Zeit zu vergeuden.*

Aus diesem Grunde macht mich die Studio-Arbeit unglücklich. Nicht in Warners Studio: mein Kontakt mit dem Studio und allen Leuten, mit denen ich gearbeitet habe, hätte nicht angenehmer sein können. Sondern es ist die Art der Arbeit. Deshalb wiederhole ich meine Bitte, daß mich das Studio vom Vertrag entbindet.[119] Warner, der Faulkner zu diesem Zeitpunkt ganze 400 Dollar wöchentlich zahlte, schlug die Bitte ab, und es bedurfte langwieriger Verhandlungen und der Intervention seiner Freunde und Verleger, um Faulkner endlich nach Oxford zurückzubringen.

Faulkners Jahre in Hollywood waren schwierig, aber nicht gänzlich vergeudet. Zeitweise war er durchaus in der Lage, neben der Tätigkeit im Studio die eigene Arbeit fortzusetzen – wenn möglich, nutzte er die frühen Morgenstunden, um an seinen Manuskripten zu arbeiten. So sind Teile von *Absalom, Absalom!,* von *Wilde Palmen* (*The Wild Palms*) und verschiedene Kurzgeschichten in Hollywood entstanden. Dennoch ist nicht zu leugnen, daß die Arbeit für den Film seine Schaffenskraft hemmte und seine Phantasie eher lähmte als anregte. Die äußeren Umstände, in denen er lebte, trugen dazu bei, daß er sich selten wohl fühlte. Er wohnte in Hotels, kleinen Apartments, bisweilen auch bei Freunden. Getrennt von seiner Familie, fühlte er sich unglücklich; brachte er sie mit nach Hollywood, verstärkten sich die ohnehin erheblichen Spannungen zwischen ihm und Estelle. Das gesellschaftliche Leben der Stadt mied er, so gut er konnte, und schloß nur zögernd neue Freundschaften. Neben Hawks zählten Nathanael West und einige andere Autoren zu seinen engeren Bekannten. Mit Clark Gable und Gary Cooper traf er gelegentlich zusammen, ohne jedoch die Beziehungen zu vertiefen. Er war für seine Schweigsamkeit berühmt und achtete auf Distanz. Eine Anekdote, die Howard Hawks gern erzählte, demonstriert mehr als nur Faulkners Schlagfertigkeit: «Eines Tages unternahm ich einen Jagdausflug mit Faulkner und Clark Gable. Auf der Rückfahrt kam das Gespräch auf Literatur. Gable wollte wissen, wer die wichtigsten Autoren der Gegenwart seien. Faulkner sagte: John Dos Passos, Ernest Hemingway, Thomas Mann und William Faulkner. ‹Sie schreiben?› fragte Gable. ‹Ja›, sagte Faulkner, ‹und was machen Sie, Mister Gable?»›[120]

Ein Problem besonderer Art entstand durch Faulkners periodisches Trinken. Seine Anfälligkeit gegenüber dem Alkohol war in Hollywood womöglich noch größer als in Oxford, und er flüchtete sich noch häufiger als sonst in den tage- und wochenlangen Rausch. Freunde taten ihr möglichstes, um ihn zu schützen; er selbst ergriff bisweilen aufwendige Maßnahmen, um sich auch über ein Wochenende hin arbeitsfähig zu erhalten. So stellte er, sehr zur Erheiterung seiner Umgebung, während eines Ausflugs einen Krankenpfleger an, der ständig in seiner Nähe war, um seinen Alkoholkonsum zu überwachen, wie er denn überhaupt seinem Leiden eher mit fröhlicher Selbstironie als mit Zerknirschung begegnete. Auf die Frage, wie er es tagelang ohne feste Nahrung aushalte, antwortete er: *In*

einem Maisfeld von der Größe eines Morgens steckt eine Menge Nähr-
wert. [121] Ähnlich belustigt klingt ein Brief an seine Stieftochter, in dem er
die Folgen einer ausgedehnten Zecherei schildert: *Ich hatte, habe und*
werde anscheinend noch für die nächsten paar Jahrzehnte die übelste,
schlimmste, verruchteste, ekelhafteste Erkältung in menschlichem Ge-
wahrsam haben. Aufgegriffen habe ich sie am Dienstag, den 23. März. Am
4. April habe ich sie immer noch. Sie hat sich jetzt zu Drillingen ausgewach-
sen. Hinzu kamen Hexenschuß am 1. April, Ohrenschmerzen am 3. April,
und sie ist immer noch munter zugange. Verblieben noch Lepra, Beulen-
pest und der Tod. Doch ich glaube trotzdem, daß 1 Faulkner 1 Erkältung
überleben kann. Ich habe mich jetzt an sie gewöhnt. Natürlich kann ich auf
meinem linken Ohr nicht hören, und wenn ich am Morgen hervorkrieche,
um mich an die Arbeit zu begeben, bin ich ein rachitischer Tattergreis in den
letzten Stadien von lokomotrischer Ataxie. Doch ich kann immer noch die
rote Ampel erkennen, um die Straße zu überqueren [...], und bestimmt kann
ich noch immer jeden Samstag meinen Namen auf meinen Lohnscheck
schreiben. [122] Doch das Trinken hatte auch ernstere Folgen. Faulkners Ver-
träge wurden nicht verlängert, die Arzt- und Klinikrechnungen für die
häufigen Ausnüchterungen und Entziehungskuren brachten erhöhte finanzielle Belastungen, gesundheitliche Schäden machten sich bemerkbar.
Maurice Coindreau, der Faulkner 1937 in Hollywood besuchte, bemerkte,
daß er zu dieser Zeit nahezu ständig trank, und auch in den Jahren von 1942
bis 1945 folgten die Anfälle in immer kürzeren Abständen aufeinander.

In Faulkners Hollywood-Zeit fällt die Romanze mit der wesentlich jüngeren Meta Carpenter, die als Sekretärin und Scriptgirl für Howard
Hawks arbeitete. In den Erinnerungen, die Meta Carpenter veröffentlicht hat, erscheint Faulkner als stürmischer und leidenschaftlicher Liebhaber, der sich von Estelle scheiden lassen wollte und in den Armen der
jüngeren Frau das Glück fand, das ihm in seiner Ehe versagt blieb. Estelle
willigte in die Scheidung nicht ein; Meta Carpenter heiratete im Jahre
1937 den Pianisten Wolfgang Rebner. Nichtsdestotrotz nahmen die beiden ihr Verhältnis in Faulkners späteren Jahren in Hollywood wieder auf.
Ohne Frage war ihre Beziehung mehr als eine flüchtige Affäre; Faulkner
war ernsthaft in Meta verliebt. Deren Memoiren aber wirken, bei aller
Offenheit und Lust am physischen Detail, allzu unwahrhaftig und senti-
mental, als daß man sich immer auf sie verlassen möchte. Nicht in den
Bereich der Legende gehört indessen, was das Buch über die extreme
Eifersucht und den Alkoholismus Estelle Faulkners berichtet. Vor die-
sem Hintergrund wird Faulkners bittere Äußerung über die Ehe in einem
Brief an Malcolm Cowley verständlich. Cowley hatte angeregt, Faulkner
möge an Hemingway schreiben, weil dieser sich einsam fühle, und
prompt erwiderte Faulkner: *Ich werde an Hemingway schreiben. Armer*
Kerl, dreimal heiraten zu müssen, um herauszufinden, daß die Ehe ein
Fehlschlag ist und daß man, wenn man etwas Frieden herausholen will

Meta Carpenter

(wenn man einmal schon närrisch genug ist, überhaupt zu heiraten), die erste behalten und so weit von ihr fernbleiben soll, wie man nur kann, in der Hoffnung, sie eines Tages zu überleben. Wenigstens ist man dann sicher davor, daß man von keiner anderen geheiratet wird – was eintritt, wenn man sich [...] scheiden läßt. Offenbar kann der Mensch von Drogen, Trunk, Spielsucht, Nägelkauen und Nasenbohren geheilt werden, nicht aber vom Heiraten.[123]

Haben die Jahre in Hollywood der künstlerischen Entwicklung Faulkners geschadet? *Vielleicht bin ich bloß froh, daß dieser verdammte Westküstenort meine Seele nicht so zugerichtet hat, wie ich's wohl befürchtet habe*, schrieb er im Oktober 1945[124] und nahm in selbstverständlicher Weise seine Arbeit wieder auf. Bedenkt man, wie viele andere Schriftsteller den Verlockungen Hollywoods, dem leicht verdienten Geld und dem Reiz *luxuriöser Swimming-pools und teurer Wagen aus dem Ausland*[125] erlegen sind, kann man über Faulkners Widerstandskraft nur staunen. Denn im Grunde kehrte er unbeeindruckt aus Kalifornien nach Mississippi zurück. *Keiner tut hier etwas. Keiner hat hier je Wurzeln geschlagen. Sogar die Häuser sind aus Lehm und Maschendraht gebaut. Nie geschieht hier etwas, und nach einiger Zeit fallen ein paar Blätter von den Bäumen, und dann ist wieder ein Jahr herum*, sagte er einmal.[126] Die Erfahrungen, die er in Hollywood gemacht hat, haben keine tiefen Spuren hinterlassen. Er hat genug verdient, um Rowan Oak bezahlen und seinen anderen finanziellen Verpflichtungen nachkommen zu können, aber weder hat Hollywood seine Bindung an den Süden erschüttert noch in anderer Weise seinen erzählerischen Weg nachhaltig geprägt. Es ist fast, als sei er immun gewesen gegenüber den Veränderungen in seinen äußeren Lebensumständen und als habe er – bewußt oder unbewußt – alle Einflüsse abwehren können, die ihn aus seiner Bahn zu werfen drohten.

Die Verantwortung vor der Geschichte

Ich kann [...] *nicht beurteilen, ob der Roman gut oder völliger Unsinn ist. Meinem Gefühl nach ist er so entstanden, als hätte ich auf der einen Seite einer Wand gesessen und das Papier wäre jenseits der Wand gewesen und meine Hand mit der Feder hätte die Wand durchstoßen und nicht nur auf unsichtbarem Papier, sondern auch in völliger Finsternis geschrieben, so daß ich nicht einmal wissen konnte, ob die Feder noch auf Papier schrieb oder schon nicht mehr.*[127] Diese Zeilen entstammen einem Brief, den Faulkner kurz nach dem Abschluß des Manuskripts von *Wilde Palmen* an seinen Verleger richtete. Sie lassen erkennen, was seine häufige Rede vom *Dämon, der den Künstler treibt*[128] und *dem Leiden, der Agonie des Schreibens* meint: eine fast körperlich spürbare Erfahrung, eine Form äußerster schöpferischer Konzentration, die der intellektuellen Kontrolle kaum noch unterliegt und dem Zugriff der Vernunft entzogen ist.

Die Jahre von 1935 bis 1942 bilden einen Abschnitt in Faulkners Leben, der nochmals von außerordentlicher Produktivität und höchster künstlerischer Leistungskraft bestimmt ist. In diese Zeit fällt das größte – und schwierigste – Werk Faulkners, der Roman *Absalom, Absalom!*. Daneben erscheinen fünf weitere Romane: *Wendemarke* (*Pylon*), *Wilde Palmen*, *Die Unbesiegten* (*The Unvanquished*), *Das Dorf* (*The Hamlet*) und *Go Down, Moses*. Hinzukommen wiederum zahlreiche Kurzgeschichten und die bereits erwähnten Drehbücher. Die Südstaaten und ihre Geschichte bleiben das vorrangige Thema des Erzählers. Noch stärker als zuvor aber rücken die persönliche Auseinandersetzung mit dieser Geschichte, die existentielle Betroffenheit des einzelnen und die Frage nach einer angemessenen Form geschichtlicher Wahrheitsfindung in den Vordergrund des Werkes. Die Gestalt Quentin Compsons aus *Schall und Wahn*, des Spätgeborenen, und dessen Probleme verfolgen Faulkners Phantasie. Welche zentrale Bedeutung dieser Figur zukommt, beweist ihr erneutes Auftreten in *Absalom, Absalom!*. Ihr verwandt sind Ike McCaslin in *Go Down, Moses* und Bayard Sartoris in *Die Unbesiegten*, eine ebenfalls im Rückgriff auf ein früheres Werk eingeführte Person.

Solche Rückkehr zu schon einmal behandelten Stoffen und Personen erklärt sich aus Faulkners Grundhaltung: [Meine] *Charaktere sind für mich durchaus real und konstant. Sie sind mir jederzeit gegenwärtig. Ich habe nicht die geringste Schwierigkeit, einen von ihnen wieder aufzugreifen. Ich vergesse, was die Charaktere getan haben, aber niemals die Charaktere selber. Und wenn ein Roman beendet ist, lebt der betreffende Charakter weiter [...].*[129] Der Anspruch des Autors, seine einmal erfundenen *Personen [...] nicht nur im Raum, sondern in der Zeit hin- und herzubewegen* und *gottgleich* über sie zu verfügen, bleibt nicht auf den einzelnen Roman beschränkt. Er deutet auf den engen Zusammenhalt des gesamten Werkes und erklärt dessen Kontinuität sowie die vielen Querverbindungen, die auch zwischen solchen Romanen und Erzählungen bestehen, die zeitlich weit auseinanderliegen. Faulkners stolzes Wort, daß er sich *einen eigenen Kosmos erschaffen* habe[130], trifft das Wesentliche.

In seinem Leben traten Veränderungen ein. Der Vater starb im August 1932, und Faulkner kehrte für einige Wochen aus Kalifornien zurück, um in Oxford Familienangelegenheiten zu regeln. «Als unser Vater starb», berichtet sein Bruder Murry, «betrachtete sich Bill als Oberhaupt unseres Klans, wie wir auch. Es war eine natürliche Rolle für ihn, die er rasch akzeptierte, ohne viel Aufwand zu machen, mit Würde und Entschlossenheit.»[131] Der Zusammenhalt unter den Brüdern und die Beziehungen zur Mutter waren und blieben eng. Der älteste Sohn war sich seiner neuen Verantwortung bewußt: *Vater hat Mutter genügend Geld für ein Jahr hinterlassen. Dann kommt es auf mich an*, heißt es in einem Brief.[132] Später werden sich die Klagen über die finanziellen Belastungen, die mit seiner Aufgabe als Familienoberhaupt verbunden sind, mehren. Von einer Trauer über den Verlust des Vaters ist wenig zu spüren.

Am 24. Juni 1933 wurde Faulkners Tochter Jill geboren. Die Freude des Vaters teilt sich mit in der Nachricht an einen alten Freund, der inzwischen in New York als literarischer Agent des Autors tätig war: *Also mein Junge, wir haben uns ein kleines Mädchen namens Jill zugelegt. Geboren am Sonnabend, und beiden geht es gut.*[133] Jill blieb Faulkners einziges Kind; die Freude der Eltern war um so größer, als die zwei Jahre zuvor geborene Tochter Alabama schon wenige Tage nach der Geburt gestorben war. Spätere Briefe an Jill bekunden väterliche Sorge und Zuneigung. Der Zehnjährigen schrieb er: [...] *weil Pappy sich erinnern kann und im Geist [...] jeden einzelnen Tag kennt und sehen kann, den Du am Leben warst, ob er da war, Dich zu betrachten oder nicht, darum [...] kann er sich jederzeit, wenn er es will, jeden einzelnen all dieser Tage und wie Du damals ausgesehen hast, im Geist vorstellen und vor Augen halten. [...] Deine Briefe gefallen mir großartig. Es sind meine schönsten Erinnerungen.*[134] Er blieb seiner Tochter zugetan, auch nach den Jahren der Kindheit und Jugendzeit. Sein starkes Familienbewußtsein schloß freilich nicht aus, daß er sich gerade auch gegenüber seiner Familie rücksichtslos verhalten konnte. Seine Tochter hat nie die Bemerkung vergessen, mit der er ihr eines Tages ihre Vorhaltungen wegen seiner Trinkerei verwies: *Niemand erinnert sich an Shakespeares Kinder.*[135]

William Faulkner mit seiner Tochter Jill

Faulkners finanzielle Situation besserte sich, als die Paramount Studios im Oktober 1932 für eine Summe von 6750 Dollar die Filmrechte an dem Roman *Die Freistatt* erwarben. Das Geld wurde für notwendige Reparaturen am Haus verwendet, daneben für eine alte, jetzt wiederentdeckte Leidenschaft – das Fliegen. Faulkner nahm Flugstunden, um die vor Jahren in Kanada erlernten Kenntnisse aufzufrischen. Im Mai 1933 kaufte er sich ein Sportflugzeug, eine «Waco C», die vier Passagiere befördern konnte.

Er wurde ein begeisterter Sportflieger und sammelte jetzt selbst Erfah-

Faulkner vor seinem Flugzeug, 1934

rungen, wie er sie aus seiner Phantasie heraus schon mehrfach dargestellt hatte. Das Milieu der Fliegerei faszinierte ihn. Gelegentlich beteiligte er sich selbst an fliegerischen Veranstaltungen – im April 1934 erscheint sein Name auf Handzetteln, mit denen für einen Flugtag in Ripley, Mississippi, geworben wird. Ganz offensichtlich bewunderte er die Männer, die bei derartigen Vorstellungen ihr Leben aufs Spiel setzten. In Geschichten wie *Der Todesschwung* oder *Ehre* erscheinen sie als eine Art von modernen Vagabunden, rastlos und unkonventionell, besessen von der Leidenschaft des Fliegens und zu höchstem Risiko bereit. War es das Erlebnis persönlicher Freiheit, das Faulkner an der Fliegerei gereizt hat? Für die technische Seite des Fliegens fehlten ihm die Kenntnisse und das Verständnis: *Die Luftfahrt ist* heute *so mechanisiert, daß das Vergnügen, das ich früher an ihr hatte, vergangen ist*, sagte er später. *Heute muß man ein mechanischer oder technischer Experte sein, um überhaupt zu fliegen. Die Tage, da jeder, der einen Tank voll Benzin hatte, fliegen konnte, wohin er wollte, sind vorbei.*[136]

Im März 1935 erschien der Roman *Wendemarke*. Im Mittelpunkt stehen zwei Männer und eine Frau, die in einer merkwürdigen *menage à trois* zusammen leben. Sie sind isoliert von der übrigen Gesellschaft und in ihrer Existenz allein auf das Flugzeug bezogen, mit dem sie als Schauflieger ihren Lebensunterhalt verdienen: Er *verfolgte, schicksalsbestimmt und grimmig, ohne jegliche Schau nach innen, ohne jede Fähigkeit des Objektivierens* [...], *nur ein Ziel, als wäre er selbst die Maschine, für die er und durch deren Benzindämpfe und dünne Ölschicht er offenbar nur existierte, funktionierte, sich bewegte.*[137] *Sie sind keine Menschen,* denkt der Reporter, aus dessen Perspektive der Roman vornehmlich erzählt wird; *wenn man ihn aufschneidet, dann findet man Zylinderöl; seziert man ihn dann findet man keine Knochen, sondern nur Kipphebel und Gestänge.*[138] In dem Verhältnis der drei Personen stiftet die fast manische Anteilnahme des Reporters zusätzliche Verwirrung; dessen Besessenheit ist kaum geringer als die der Flieger. Groteske Episoden wie der Akt der Kopulation im Cockpit eines Flugzeugs und ein anschließender Fallschirmsprung, bei dem sich die zuschauende Menge in einen geilen Mob verwandelt, verstärken das Bild einer extremen, chaotischen Lebensweise, das der Roman vermittelt.

Faulkner hatte im Frühjahr 1934 an der Einweihung eines Flughafens in New Orleans teilgenommen, jetzt verarbeitete er damals empfangene Eindrücke. Trotz der deutlichen Heroisierung der Flieger durchzieht ein kritischer Ton das Buch. Es attackiert die kommerziellen Interessen der Stadt, die Massenproduktion billiger Güter, die Sensations- und Vergnügungslust der Menschen und nimmt damit Faulkners spätere bittere Kritik am vermeintlichen Fortschritt unserer Zeit vorweg. Ein leitmotivisch wiederkehrendes Attribut ist das Wort *bösartig.* Für Empfindungen wie Trauer oder Freude dagegen ist in der Welt des Romans kein Platz. Mehrfach schildert Faulkner den Zustand des Alkoholrauschs und die Folgen starker Trunkenheit: *Er hörte jetzt nur das tosende Schweigen und die Einsamkeit, in denen der Geist des Menschen den sich ewig wiederholenden Rubikon seines Lasters in dem Augenblick überschreitet, nachdem der Schrecken und bevor der Triumph Entsetzen wird – der moralische und geistige Lump, der sein schwaches Ich-bin-Ich hinausschreit in die Wüste des Zufalls.* [...] *Er nahm den Krug,* [...] *soff* [...].[139] Wie das Fliegen ist der alkoholische Rausch eine Flucht aus der Welt und eine Möglichkeit, den *Grenzen der Achtbarkeit* zu entrinnen.

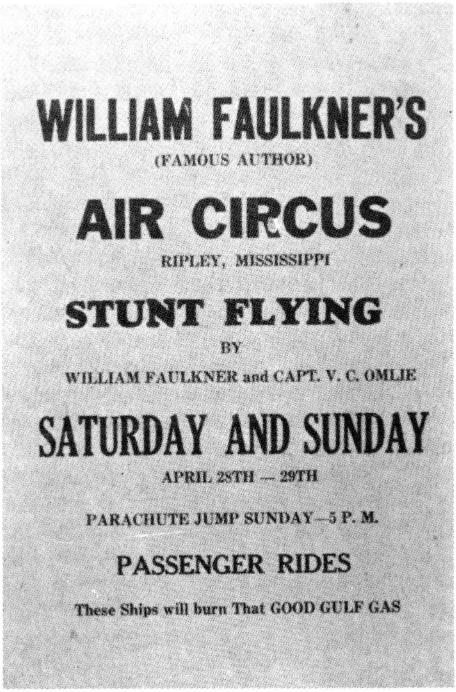

WILLIAM FAULKNER'S
(FAMOUS AUTHOR)

AIR CIRCUS
RIPLEY, MISSISSIPPI

STUNT FLYING
BY
WILLIAM FAULKNER and CAPT. V. C. OMLIE

SATURDAY AND SUNDAY
APRIL 28TH — 29TH

PARACHUTE JUMP SUNDAY—5 P. M.

PASSENGER RIDES

These Ships will burn That GOOD GULF GAS

Drei Monate nach dem Erscheinen von *Wendemarke* kam Faulkners jüngster Bruder Dean bei einem Flugzeugunfall ums Leben. Mit der Hilfe des Älteren hatte er seine Pilotenlizenz erworben und war Berufsflieger geworden; er hatte mit Faulkner zusammen an Flugtagen teilgenommen und Kunstflüge demonstriert, Charterflüge geflogen und selbständig Flugunterricht erteilt. Faulkner hatte ihm die Maschine zur Verfügung gestellt, mit der er nun, zusammen mit drei anderen jungen Männern, bei einem Routineflug abstürzte. Faulkner war erschüttert. Dean hatte ihm besonders nahegestanden, und er fühlte sich mitverantwortlich für dessen Tod. Die Schuldgefühle belasteten ihn noch Jahre später. Für das Grabmal seines Bruders wählte er denselben Bibelspruch, den er Jahre zuvor John Sartoris gegeben hatte: «Ich trug ihn auf Adlerschwingen und nahm ihn zu mir.» Mit dem Tod des Bruders wuchsen seine Aufgaben als Oberhaupt der Familie – er übernahm die Kosten für die Erziehung seiner Nichte, die noch nicht geboren war, als ihr Vater verunglückte.

Als Dean abstürzte, steckte Faulkner mitten in der Arbeit an seinem neuen Roman *Absalom, Absalom!*. Die erste Beschäftigung mit dem

75

Stoff reicht bis an den Anfang des Jahrzehnts zurück; im Februar 1934 teilte er dann seinem Verleger Einzelheiten über das neue Vorhaben mit: *Der Roman, den ich jetzt schreibe, wird «Dunkles Haus» oder so ähnlich heißen. Es ist der mehr oder weniger gewaltsame Zusammenbruch [...] einer Familie von 1860 bis ungefähr 1910. [...] Grob gesagt, handelt das Buch von einem Mann, der sich gegen das Land vergangen hat, und dann wendet sich das Land gegen ihn und zerstört die Familie des Mannes. Quentin Compson aus «Schall und Wahn» erzählt die Geschichte oder hält sie zusammen; er ist der Protagonist, so daß sie nicht völlig apokryph ist. Ich verwende ihn, weil er wegen seiner Bitterkeit kurz vor dem Selbstmord steht, und ich nutze die Bitterkeit, die er haßerfüllt auf den Süden projiziert, um mehr aus der Geschichte herauszuholen, als ein historischer Roman* bieten kann. *Um die Reifröcke und steifen Hüte herauszuhalten, könnte man sagen. Ich glaube, ich kann* das Buch *für den Herbst versprechen.*[140]

Aber die Arbeit blieb zunächst liegen. Im August 1934 schrieb Faulkner: *Ich glaube, daß das Buch noch nicht ganz reif ist, daß ich sozusagen meine neun Monate noch nicht herumhabe.*[141] Erst als *Wendemarke* erschienen war, nahm er die Geschichte wieder auf. Bis zum November 1935 entstanden die ersten sechs Kapitel des Romans – er trägt jetzt, in Anspielung auf den Sohn König Davids, der seinen Halbbruder tötet, den Titel *Absalom, Absalom!* –, dann, nach dem Verlust des Bruders, schrieb Faulkner fast wie in einem Rausch die zweite Hälfte des Buches nieder. Am 31. Januar 1936 war das Manuskript abgeschlossen.

Quentin Compson ist der Protagonist – dieser Satz birgt den Schlüssel zum Verständnis des Romans. Denn eigentlich erzählt Faulkner nicht die

Grabstein des Bruders Dean

Geschichte vom Aufstieg und Fall des Mannes Thomas Sutpen, den seine *Söhne vernichteten*[142], sondern die Geschichte Quentins, eines verzweifelt um Sinn und Verständnis ringenden Jungen, der, wie wir aus *Schall und Wahn* wissen, an seinem Leben scheitert und freiwillig in den Tod geht. Man erkennt, welche Wirkung Joseph Conrad auf Faulkner ausgeübt hat, welche innere Affinität zwischen den beiden Autoren bestand: wie für den Erzähler Marlow in Conrads «Lord Jim» und mehr noch in der Novelle «Herz der Finsternis» wird für Quentin Compson die Begegnung mit dem Schicksal eines anderen zum Katalysator der eigenen Erfahrung der Welt. Quentin wird konfrontiert mit einer Geschichte, die ihn im Kern seiner Existenz berührt; es ist seine Sache, die verhandelt wird. Das Drama des Buches ist aber auch das Drama des Schriftstellers William Faulkner. Es wirft die Frage auf, wie der Nachgeborene, der von der Historie seiner Vorfahren betroffen ist, diese Historie aufnimmt und verarbeitet. Wie läßt sich Geschichte erzählen? In *Absalom, Absalom!* wird die imaginative Rekonstruktion eines historischen Geschehens zum Thema des Romans.

An einem Septembernachmittag des Jahres 1909, kurz vor seiner Abreise nach Harvard, wird Quentin in das Haus einer älteren Dame gebeten, die ihm etwas über ihre Vergangenheit mitteilen möchte. *«Weil sie will, daß es erzählt wird»*, dachte er, *«so daß Menschen, die sie niemals sehen wird und deren Namen sie niemals hören wird, [...] es lesen werden und endlich erkennen werden, warum Gott uns den Krieg verlieren ließ [...].»*[143] Aber er kennt die Geschichte Sutpens schon oder doch einen Teil von ihr: *Der gehörte zur Überlieferung und lag in der Luft, die er zwanzig Jahre geatmet hatte, während er seinen Vater von dem Manne Sutpen erzählen hörte; er lag in der Luft der Stadt Jefferson, die der Mann selbst geatmet hatte, seit achtzig Jahren zwischen diesem Septembernachmittag 1909 und jenem Sonntagmorgen im Juni 1833, als er zum erstenmal zur Stadt hereinritt, aus einer dunklen Vergangenheit hervortretend [...].*[144] Quentin fragt sich, warum gerade er als Zuhörer ausersehen wird, und erfährt, daß sein Großvater der einzige Bürger der Stadt gewesen sei, der Sutpen freundschaftlich verbunden war. Seinem Großvater hatte sich Sutpen anvertraut; jetzt wird Quentin zu einem späten Zeugen der Lebensgeschichte dieses Mannes. Sein Vater ergänzt die Version, die ihm die alte Dame erzählt, und Quentin fügt aus seinen eigenen Kindheitserinnerungen weitere Einzelheiten hinzu: *«Aber du hörtest nicht zu»*, denkt er, *«weil du es bereits wußtest, erfahren und ohne das Medium der Sprache aufgenommen hattest, schon dadurch irgendwie, daß du in seinem Umkreis geboren wurdest und gelebt hast, [...] so daß alles, was dein Vater sagte, dir eigentlich nichts mitteilte, sondern mit jedem Wort die empfänglichen Saiten der Erinnerung in Schwingungen versetzte.»*[145] Man spürt, wie Faulkner sich vortastet in die Dunkelheit vorsprachlichen Wissens und jene Zone des Bewußtseins zu erschließen sucht, von der es an anderer

Stelle heißt, sie sei *von der Beschaffenheit eines alle Logik und Vernunft foppenden Traums*[146]. Zu dem entscheidenden Erlebnis für Quentin wird die Begegnung mit dem Sohn Sutpens in dem einstmals herrschaftlichen Hause des Vaters, in das der Sohn nach über vierzig Jahren zurückgekehrt ist, um dort zu sterben. In panischer Hast flieht Quentin vor diesem Schatten aus der Vergangenheit und weiß doch, daß er sich, *wachend oder schlafend*[147], von dem Eindruck der Begegnung nie wird befreien können. Monate später, in Harvard, *in der kalten Luft Neu-Englands*, fügen sich ihm die Bruchstücke der Geschichte Sutpens zusammen. Dabei erscheint Quentin als Erzähler und Zuhörer zugleich – die Rekonstruktion des Geschehens erfolgt in einem langen nächtlichen Gespräch zwischen ihm und seinem Zimmergefährten, einem jungen Kanadier. Ob es sich wirklich so zugetragen hat, wie die beiden vermuten, bleibt offen. Sicher ist nur, daß Quentin zutiefst betroffen ist.

Quentin trägt darum so schwer an der Last der Vergangenheit, weil er sich selbst in die Geschichte Sutpens und seiner Kindheit verstrickt wähnt. Da ist der Plan Sutpens, eine Dynastie zu gründen, da gibt es einen wegen seiner farbigen Mutter verleugneten Sohn, drohenden Inzest, Rassenschande und Brudermord – das sind Ereignisse, bei deren Aufklärung sich Quentin teilweise an seine eigene, persönliche Geschichte erinnert fühlt. Seine Interpretation des Geschehens aber geht über das Persönliche hinaus; in seinen Augen spiegelt es die historische Schuld der Südstaaten. Seine Erzählung ist die Antwort auf die Frage: *Wie ist es* [im Süden]*? Was machen die Leute dort. Warum leben sie dort. Warum leben sie überhaupt.*[148] Doch er merkt, daß er sich im Grunde nicht mitteilen kann und nur der ihn versteht, der wie er im Süden geboren ist. Für seinen kanadischen Freund bleibt das Geschehen um Sutpen ein Schauspiel, dem er zwar mit Interesse, aber aus spöttischer Distanz folgt: *Mein Gott, ist dieser Süden schön. Er ist besser als das Theater, nicht wahr? Besser als Ben Hur, nicht wahr? Kein Wunder, daß ihr ab und zu einmal fortmüßt, nicht wahr?*[149] Schließlich stellt er Quentin die Frage: «*Jetzt sage mir nur noch eins. Warum haßt du den Süden?*» – «*Ich hasse ihn nicht*», sagte Quentin rasch, sogleich, sofort. «*Ich hasse ihn nicht*», sagte er. ‹*Ich hasse ihn nicht*›, dachte er, in der eisigen Kälte nach Luft ringend, in der eisigen Kälte Neuenglands. ‹*Nein. Nein! Ich hasse ihn nicht! Ich hasse ihn nicht!*›[150]

Es fällt nicht schwer, Äußerungen Faulkners zusammenzutragen, die in ihrem Inhalt der Antwort Quentins entsprechen. So heißt es in einem autobiographischen Essay, der im Jahre 1954 unter dem Titel *Mississippi* in der Zeitschrift «Holiday» erschien: *Wieder zu Hause, in seinem Heimatland; er war in ihm geboren, und seine Gebeine werden in ihm ruhen; er liebte es, zugleich aber haßte er manches an ihm.*[151] In einem Interview in Japan bemerkte Faulkner: *Ich liebe* (den Süden) *und hasse ihn zugleich. Manches dort schätze ich gar nicht, aber ich bin dort geboren, und dort ist meine Heimat, die ich verteidigen werde, auch wenn ich sie nicht mag.*[152]

Um 1935

Aufschlußreicher für das Verständnis des Erzählers Faulkner sind indessen andere Selbstzeugnisse. An Malcolm Cowley, der ihn um Auskunft darüber gebeten hatte, inwieweit *Absalom, Absalom!* – und darüber hinaus das übrige Werk – als «ein Mythos oder eine Legende über den Süden» zu verstehen seien, schrieb er 1944: *Ich glaube, hier ist Quentin und nicht Faulkner der rechte Maßstab. Ich habe die Geschichte geschrieben, aber er, und nicht ich, grübelte über eine Situation nach. Ich meine, ich habe ihn als Charakter erschaffen, genau wie Sutpen und die übrigen.*

Dann fügt er hinzu: *Ich neige zu der Ansicht, daß mein Material, der Süden, mir nicht sehr wichtig ist. Ich kenne ihn rein zufällig, und ich habe während meiner Lebensdauer nicht genug Zeit, eine andere Gegend kennenzulernen und über sie zu schreiben.*[153]

Die Bedeutung von *Absalom, Absalom!* liegt also nicht in dem Einblick, den uns der Roman in das Verhältnis Faulkners zur Geschichte der Südstaaten gewährt. Die von Quentin Compson rekonstruierte Vergangenheit ist *das Material*, über das der Erzähler verfügt, die Wahrheit aber, der Faulkner nachspürt, liegt nicht auf der Ebene der historischen Fakten. Sie hat, wie in *Schall und Wahn* und *Als ich im Sterben lag*, eher mit dem Vorgang des Erzählens als mit dem Erzählten zu tun. Auf die Frage, ob einer der an dem Bericht über Sutpen Beteiligten die richtige Perspektive habe, erwiderte Faulkner: *Ich glaube, daß kein einzelner Mensch die Wahrheit erblicken kann. Sie blendet ihn. Sie sehen hin und nehmen nur einen Teil der Wahrheit in sich auf. Ein anderer wieder sieht nur ein leicht verzerrtes Stück davon. Doch die Wahrheit selbst ist das, was sie alle zusammen gesehen haben, obgleich niemand von ihnen die Wahrheit ganz gesehen hat.*[154] Doch auch diese Antwort bleibt hinter der in *Absalom, Absalom!* dargestellten Wirklichkeitserfahrung zurück, denn sie verweist allein auf das aller Erkenntnis inhärente Moment der Subjektivität. Die verwirrende Komplexität des Romans ist jedoch anderen Ursprungs. Sie ist, wie Jürgen Peper in einer vorbildlichen Interpretation des Buches gezeigt hat, in der besonderen «Bewußtseinlage» begründet, aus der heraus *Absalom, Absalom!* erzählt wird.

Die Vergangenheit ist niemals tot. Sie ist nicht einmal vergangen, heißt es in *Requiem für eine Nonne* (*Requiem for a Nun*).[155] Der Satz, oft zitiert, erinnert an Faulkners *Theorie, daß die Zeit etwas Fließendes ist, das existent wird nur als punktuelle Inkarnation im einzelnen Menschen. Es gibt kein «es war», nur ein «es ist». Gäbe es ein «es war», dann gäbe es weder Schmerz noch Sorge.*[156] Was hier formuliert werden soll, ist nicht nur eine bestimmte Auffassung vom Wesen der Zeit, sondern ebenso das Bewußtsein von der Unzulänglichkeit unserer Sprache und der Kategorien unserer Vernunft angesichts einer Wirklichkeit, die sich ständig verflüchtigt und der begrifflichen Festlegung entzieht. Wo es kein «*es war*» gibt, wird chronologisches Erzählen sinnlos – in diesem Sinne dürften die Aufhebung der Chronologie und die Zeitsprünge in *Absalom, Absalom!* zu verstehen sein. Doch Faulkner geht weiter. Wenn er den Leser im Ungewissen läßt, ob sich die Ereignisse überhaupt so zugetragen haben, wie seine Erzähler es vermuten, dann wird deutlich, was Erzählen für ihn meint: eine Annäherung an das, was gewesen sein könnte, und ein Prozeß, der immer neuer Korrekturen bedarf. Da Geschichte nicht als ein objektives, begrifflich faßbares Gegenüber erfahren wird, treten Ahnung und Intuition an die Stelle rationaler Erkenntnis; die Vergegenwärtigung der Vergangenheit gewinnt die Eigengesetzlichkeit eines Traums. Die Sprache aber hat im Grunde Unmögliches zu bewältigen, gilt es doch oftmals, Empfindungen zu formulieren, die sich sprachlicher Fixierung widersetzen, weil sie allein im Dunkel des Vorbewußten existieren. Die Sprache, heißt es einmal, ist nichts als ein *dünner und schwacher Faden, [...] an welchem sich hier und da für einen Augenblick die geheimen Einsamkeiten der Menschen mit ihren Ecken und Kanten oberflächlich verfangen, ehe sie wieder der Dunkelheit anheimfallen, worin das Rufen der Seele am Anfang ungehört verhallte und am Ende der Tage ebenso ungehört verhallen wird.*[157] Eben diese Dunkelheit versucht Faulkner zu erhellen. Daß seine Syntax dabei an die Grenzen des Möglichen stößt und der Grad der Abstraktion bisweilen alle Konturen der greifbaren Welt zu verwischen droht, ist nicht zu leugnen. Es ist der Preis für das erzählerische Wagnis, das der Autor in *Absalom, Absalom!* eingeht.

Absalom, Absalom! erschien im Oktober 1936 im Verlag Random House in New York, der fortan Faulkners Bücher verlegte. Die Kritiken waren unterschiedlich, wobei die Stimmen jener überwogen, die sich durch Faulkners schwierigen Stil überfordert fühlten. Dennoch wurde schon 1938 Hermann Stresaus deutsche Übersetzung des Romans im Rowohlt Verlag veröffentlicht. Zwar blieb Faulkners Popularität in Deutschland weit hinter jener Thomas Wolfes zurück, doch immerhin waren drei seiner Romane – nach *Licht im August* wurde 1936 auch *Wendemarke* ins Deutsche übertragen – noch vor dem Zweiten Weltkrieg auf dem deutschen Buchmarkt erhältlich.

Nach der überaus intensiven Arbeit an *Absalom, Absalom!* gönnte sich Faulkner eine Pause. Wie haben wir uns sein Leben während dieser Jahre in Oxford vorzustellen? Wenn er nicht schrieb, ging er einfachen Tätigkeiten nach – er jagte, widmete sich seiner Tochter und seinen Stiefkindern, ritt oder flog, arbeitete am Haus. Immer wieder wird seine Liebe zu Kindern betont. Er erzählte ihnen Geschichten oder unternahm Ausflüge mit ihnen, freute sich an aufwendig gestalteten Kindergesellschaften. Noch immer verkleidete er sich gern; eines Tages luden Estelle und er zu einem großen Frühstück nach Rowan Oak, zu dem man im Reiterkostüm erschien, wie es bei Fuchsjagden in Virginia getragen wird. Im übrigen mied Faulkner gesellschaftliche Begegnungen; er fühlte sich unter einfachen Landleuten wohler als unter den reicheren Bürgern der Stadt oder Professoren der nahe gelegenen Universität. Man traf ihn auf seinem täglichen Weg zur Post und zum «drugstore» seines Freundes Mac Reed. Phil Stone blieb er freundschaftlich verbunden, auch wenn die Beziehung distanzierter geworden war als in früheren Jahren. Pflichtgemäß machte er Besuche bei seiner Mutter. Er war konservativ nicht nur in seinen Gewohnheiten. Die sozialen Neuerungen des «New Deal» unter Präsident Roosevelt lehnte er entschieden ab, dem Gedanken technischen Fortschritts stand er skeptisch gegenüber. Die Anschaffung eines neuen Autos wurde so

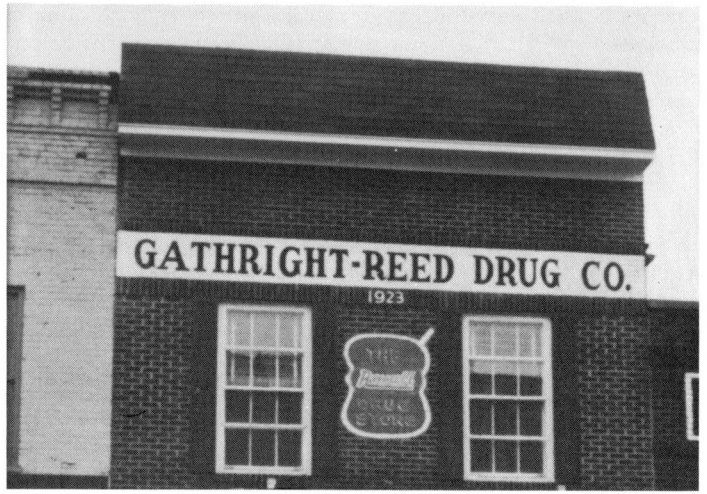

Der Drugstore seines Freundes Mac Reed

lange wie möglich hinausgezögert, alte Kleidung erst abgelegt, wenn sie kaum noch zusammenhielt. Er duldete kein Radio in seinem Haus. Gelegentlich fuhr er nach Memphis; wenn er es einrichten konnte, reiste er einmal im Jahr nach New York. Dort besuchte er seinen Verleger, wurde zu literarischen Parties geladen, betrank sich. Auf einer dieser Reisen fand man ihn nach Tagen in seinem Hotel, im Koma und mit einer schweren Rückenverbrennung, die er sich im Rausch an einer defekten Dampfheizung zugezogen hatte. Ermahnungen schlug er in den Wind. Dem Arzt, der ihn fragte, warum er trinke, antwortete er: *Weil ich es gern mag.* Einem Freund verwies er die Kritik an seinem Verhalten mit dem Satz: *Es waren meine Ferien.*[158] Seine Ehe blieb gespannt.

Mit den Kurzgeschichten, die nach *Absalom, Absalom!* entstanden, gewann Faulkner allmählich einen größeren Leserkreis. Sie wurden in Zeitschriften wie der «Saturday Evening Post» gedruckt und brachten höhere Honorare ein als zuvor. Trotz der Tätigkeit in Hollywood brauchte Faulkner dringend Geld, um für den Lebensunterhalt der großen Familie sorgen zu können. Im Dezember 1936 fragte er bei seinem neuen Verleger an: *Ich habe eine Serie von sechs Erzählungen über einen weißen Jungen und einen Negerjungen während des Bürgerkrieges. [...] Was halten Sie von dem Gedanken, sie als ein Buch herauszubringen?*[159] Neben *Absalom, Absalom!* wirken die Geschichten freilich wie leichte Fingerübungen. Unverhohlen glorifizieren sie die Südstaaten in der Bürgerkriegszeit, den Mut und die Tapferkeit der konföderierten Armee ebenso wie den Widerstandswillen der Zivilbevölkerung. Später hat Faulkner ihre Lektüre als eine Einführung in sein Werk empfohlen, *weil* das Buch *leicht zu lesen ist.*[160] Doch *Die Unbesiegten* – unter diesem Titel erschien der Band 1938 – ist vielschichtiger, als manche Kritiker gemeint haben.

In *Die Unbesiegten* greift Faulkner erneut auf Material aus seiner Familiengeschichte zurück. Wir hören noch einmal über die abenteuerlichen Begebenheiten im Leben des Regimentskommandeurs und Eisenbahnbauers John Sartoris; Episoden, die in dem früheren Roman *Sartoris* als heroische Vergangenheit beschworen wurden, sind jetzt unmittelbar erlebte Gegenwart. Dennoch appelliert Faulkner nicht nur an den Geschmack eines breiten Publikums. Eine Erzählung ragt aus der Sammlung hervor – bezeichnenderweise ist es der einzige nicht bereits vorher veröffentlichte Text. In *Duftendes Eisenkraut (An Odor of Verbena)* übernimmt Bayard Sartoris eine Rolle, die nicht von ungefähr an jene Quentin Compsons erinnert. Er ist Student an der Universität und wird aufgefordert, den gewaltsamen Tod seines Vaters zu rächen. Wiederum taucht das Inzestmotiv auf: Bayard gibt der Liebe nach, die seine Stiefmutter ihm aufdrängt. Doch statt den Gegenspieler seines Vaters zu erschießen, wie es von ihm verlangt wird, tritt Bayard unbewaffnet vor diesen. Mit seiner Haltung setzt er der Gewalttätigkeit ein Ende, entzieht sich aber zugleich der Notwendigkeit des Handelns. Welche tiefenpsychologischen Schlüsse aus dem so häufig wiederkehrenden Inzestmotiv zu ziehen sind, soll hier nicht erörtert werden, bezeichnend genug ist die Situation Bayards auch in ihrer offenkundigen Bedeutung. Denn wie Quentin ist auch Bayard der Nachfahre, der Erbe, der mit der Schuld der Väter leben muß. In *Go Down, Moses* wird Faulkner das Generationenproblem abermals aufgreifen. Es hielt ihn im Bann, auch dann noch, als er längst die Hälfte seines Lebens überschritten hatte.

Die Unbesiegten fand rasch ein positives Echo. Der Verkauf der Filmrechte machte es möglich, den Besitz um Rowan Oak herum zu vergrößern. Fast gleichzeitig erwarb der Autor eine in einiger Entfernung von Oxford gelegene Farm mit annähernd 320 Morgen Land. Sein Bruder John bewirtschaftete die Farm zunächst, Faulkner aber konnte sich von nun an zu Recht als *einen Farmer* bezeichnen, *der Geschichten erzählt.* Mit wachsendem Ruhm schlüpfte er immer häufiger in diese Rolle; der Satz: *Ich bin ein Farmer, kein Literat* kehrt in abgewandelter Form in vielen seiner späteren öffentlichen Äußerungen wieder.[161] Dabei nahm Faulkner seine Tätigkeit auf der «Greenfield Farm» zeitweilig durchaus ernst und kümmerte sich, wenn auch mit unterschiedlichem Einsatz, um Saat und Ernte sowie um die Aufzucht der Tiere. Seine besondere Vorliebe galt der Zucht von Mauleseln. Die eigentliche Landbestellung erledigten, wie es im Süden der USA üblich war (und zum Teil immer noch ist), die Familien der Pächter, deren Pachtzins gegen die Ernte aufgerechnet wurde.

Spätere Briefe bezeugen, daß die enge Bindung an das Land und der gleichbleibende Rhythmus ländlichen Lebens, von denen vor allem der Roman *Das Dorf* erzählt, Faulkner nicht fremd waren. Wie die jährlichen Jagdausflüge und das Fliegen boten sie Ausgleich gegenüber *dem Schmerz und der Mühsal* des Schreibens: *Die Ernte beginnt. Wir bringen Heu für die Pferde und Rinder ein. Es ist sehr heiß, mit Gewittern am Himmel, die sich jederzeit entladen können. Deshalb beobachtet man den Himmel und das Wetter, geht ein Risiko wegen des Wetters ein, denn das Heu darf zwischen der Mahd und den Scheunen nicht naß werden [...]. Man versucht, das Wetter auf drei Tage im voraus zu erraten, steckt ein Stück Grasland ab, wozu Klee, Futterbohnen etc. gehören, entschließt sich, einen bestimmten Teil aufs Spiel zu setzen, mäht ihn dann mit Traktor und Mähmaschine [...], das gemähte Gras liegt während eines Tages in der Sonne auf dem Feld, am dritten Tage setzen wir dann die ganze Belegschaft ein – die von einem Traktor gezogene Strohpresse, eine breite, von zwei Maultieren gezogene Heuharke, noch ein zweiter, von einem Jeep gezogener Heurechen, den ich selber fahre, und fünf Mann, die das Gras in die Presse stecken, die fertigen Ballen herausnehmen, sie auf einen von Maultieren gezogenen Wagen laden, sie zur Scheune fahren und verstauen – und das alles in der heißen Sonne, bei einer Temperatur von etwa 35 Grad – nichts als Spreu und Staub und Schweiß, bis zum Sonnenuntergang.*[162]

In Oxford belächelte man diesen eigenartigen Landmann, der «höchstens Gemüse in seinem Garten züchten konnte», wie ein Journalist in der Tageszeitung der Stadt später boshaft bemerkte.[163] Das Mißtrauen in der Bevölkerung hatte sich nicht gelegt. Für Faulkner aber war der Kauf des Landes ein bedeutungsvoller Schritt. Mag er in mancher Hinsicht auch symbolisch bleiben, so dokumentiert er doch nochmals seinen Wunsch, sich in die Kette seiner Vorfahren und die Geschichte des heimatlichen Bodens einzugliedern. Man denke, um ihn recht zu würdigen, an das ruhelose, unstete Leben Ernest Hemingways, des Zeitgenossen und heimlichen Rivalen Faulkners: der Gegensatz zwischen den beiden Autoren wird nicht nur in ihrer künstlerischen Arbeit sichtbar.

Der Gedanke eines bodenständigen Lebens hat zweifellos einen gewissen Reiz auf Faulkner ausgeübt, seine schriftstellerische Existenz berührte er jedoch nicht. Fast wirkt es wie eine Reaktion auf das eben bekundete Streben nach Seßhaftigkeit, wenn der Erzähler in den Mittelpunkt seines nächsten Romans – *Wilde Palmen* – den Versuch zweier junger Menschen stellt, aus der bürgerlichen Welt auszubrechen, um allein ihrer bedingungslosen Liebe zu leben. Der Versuch endet in Tod und Zerstörung. Die Frau stirbt an den Folgen einer Abtreibung, der Mann landet im Gefängnis. Verwoben in diese Geschichte ist eine zweite – die eines Sträflings, der während einer Überschwemmung des Mississippis eine schwangere Frau rettet, ihr bei der Entbindung ihres Kindes assistiert und am Ende freiwillig ins Gefängnis zurückkehrt. Dort wird er zu weiteren zehn

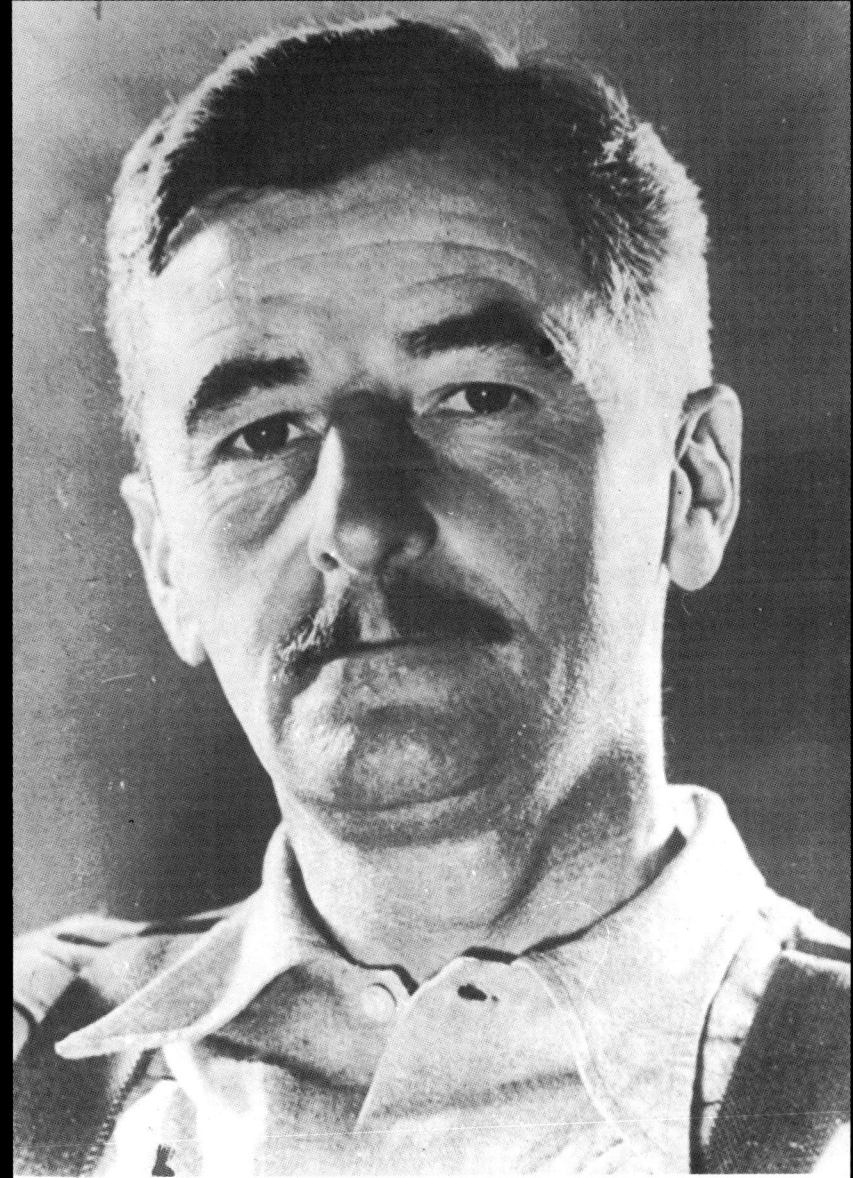

Um 1939

Jahren Haft verurteilt. Faulkner hat immer darauf bestanden, daß *Wilde Palmen* und *Der Strom* (*Old Man*) zusammengehören: *Die Geschichte, die ich zu erzählen versuchte, war die Charlotte* Rittenmeyers *und Harry Wilbournes. Dabei sah ich, daß ich ein Gegenstück, eine Art Kontrapunkt benötigte, ähnlich wie in der Musik. Beide Erzählungen habe ich in sich wechselseitig ablösenden Kapiteln geschrieben [...], genauso wie der Musiker ein musikalisches Thema kontrapunktisch behandelt.*[164]

Ein «Kontrapunkt» ist in der Tat gegeben, wenn man die beiden Paare, von denen die Rede ist, miteinander vergleicht. Gegen seinen Willen wird der Sträfling, der sich der von ihm geretteten Frau möglichst rasch wieder entledigen möchte, zum Geburtshelfer. Das unter höchst dramatischen Umständen geborene neue Leben behauptet sich gegen alle Katastrophen, die es zu vernichten drohen. Die unbedingte Hingabe der beiden Liebenden dagegen erweist sich am Ende als destruktiv. Greift Faulkner noch einmal den Gegensatz von «Bewegung» und «Zuständlichkeit» auf, der ihn so oft beschäftigt hat? Das Bestreben, der Zeit zu entfliehen, charakterisiert nicht nur das liebende Paar, sondern auch, wenngleich in anderer Weise, den namenlosen Sträfling. Es liegt nahe, demgegenüber im Mississippi, dem *Old Man* des Titels, ein Sinnbild für den Strom der Zeit und das sich auch gegen den Willen des Menschen erneuernde Leben zu sehen. Feststeht, daß Faulkner den Roman mit einer auch für ihn ungewöhnlichen Intensität niedergeschrieben hat, wie der am Eingang dieses Kapitels zitierte Brief bezeugt.

Sicherlich nicht eines seiner zugänglichsten Werke, wurde *Wilde Palmen* dennoch zu einem kommerziellen Erfolg. Man hat gemeint, daß das Buch persönliche Erlebnisse Faulkners verarbeitet – die Liebe zu Meta Carpenter, vielleicht die unerfüllte Beziehung zu seiner Jugendliebe Helen Baird. Stärker zu gewichten als der mögliche private Hintergrund ist jedoch der wiederum sichtbar werdende Wille zum künstlerischen Experiment. Die Verschachtelung zweier ganz unterschiedlicher Erzählungen, die sich im Thema gegenseitig erhellen, die Wahl eines fremden Schauplatzes, eines neuen Stoffes zeigen, wie Faulkner fast übermütig seine Möglichkeiten als Erzähler erprobt. Er mag scheitern, aber er gibt nicht auf, nach neuen Wegen der Darstellung zu suchen.

Noch bevor *Wilde Palmen* im Januar 1939 veröffentlicht wurde, hatte Faulkner die Arbeit an einem neuen Roman aufgenommen. In einem außergewöhnlich detailfreudigen Brief teilte er seinem Verleger Einzelheiten über das Projekt mit: *Ich arbeite am Snopes-Buch. Es wird aus drei Büchern bestehen, ob lang genug, daß es drei einzelne Bände gibt, weiß ich noch nicht, aber ich glaube schon. Das erste [...] habe ich zur Hälfte fertig.* Er fährt dann fort, den Inhalt der geplanten Bände zu erläutern: *Der Titel* des ersten Buches *lautet «Die Landleute» («The Peasants»). Es handelt von Flem Snopes' ersten Anfängen auf dem Lande, wie er allmählich ein*

*kleines Dorf verschlingt, bis nichts mehr darin übriggeblieben ist [...].
Durch seinen letzten Coup gelingt es ihm, in Jefferson Fuß zu fassen, und
dorthin zieht er mit seiner Frau und überläßt es seinen Verwandten und
Nachfolgern, auf dem Lande weiterzumachen.*

*Der zweite Band heißt «Rus in Urbe». Snopes beginnt, die Untreue seiner
Frau auszubeuten, indem er deren Liebhaber in maßvoller Weise erpreßt;
er schwingt sich vom Mitinhaber eines Hintergassen-Restaurants zu städti-
schen Anstellungen verschiedener Rangstufen auf, wobei er jeden von ihm
geräumten Posten jeweils mit einem weiteren Snopes vom Lande besetzt,
bis er als Präsident einer Bank völlig sicher im Sattel sitzt und sogar aufhören kann, den Liebhaber seiner Frau zu erpressen.*

*Der dritte Band heißt «Der Fall Iliums». Er handelt davon, wie Jefferson
allmählich von den Snopesen verschlungen wird, indem sie die Verwaltung
mit gaunerhaften politischen Machenschaften korrumpieren, all die alten,
im Kolonialstil erbauten Häuser aufkaufen und niederreißen und die
Grundstücke in Parzellen zerhacken.*

Das ist die Geschichte – falls es eine ist.[165]

Die Sippe der Snopes verbreitet sich in Faulkners *Yoknapatawpha
County* wie wucherndes Unkraut. Mit ihr entsteht ein Gegengewicht gegen die Familien der Sartoris und Compsons, die eine ältere südstaatliche
Lebensart verkörpern und sich gegenüber den Emporkömmlingen nur
mit Mühe behaupten können. Doch die vielen Mitglieder der Familie
Snopes sind nicht über einen Kamm zu scheren. Offenbar kam das Motiv
einer weitverzweigten Sippe Faulkners Phantasie in besonderer Weise
entgegen: Es gab ihm die Möglichkeit, eine Fülle unterschiedlicher Personen zu erfinden, ohne sie unbedingt in ein bestimmtes Handlungsgefüge
einordnen zu müssen. Die Familienzugehörigkeit und der Name Snopes
genügten, um ihr Auftauchen in dieser oder jener Episode seines Werkes
zu rechtfertigen. Die angekündigte Trilogie war freilich erst am Ende seines Lebens abgeschlossen. Zwar stellte er das erste Buch, *Das Dorf*, bereits 1940 fertig, auf die beiden anderen Bände, *Die Stadt (The Town)* und
Das Haus (The Mansion) hatten seine Leser indessen fast zwei Jahrzehnte
zu warten. Sie erschienen in den Jahren 1957 und 1959.

Das Dorf – der Stoff geht zum Teil auf das frühe Fragment *Vater Abraham* zurück – entwirft das Bild einer ländlichen Welt, wie Faulkner sie
noch nie zuvor mit einer vergleichbaren Freude am genrespezifischen Detail geschildert hat. Es ist die Welt der «armen Weißen», kleiner Landpächter und ihrer Familien. In deren Umkreis gelingt Flem Snopes der
soziale Aufstieg vom Ladendiener zum Ladenbesitzer und Schwieger-
sohn des reichsten Mannes der Umgebung, den er am Ende aus seiner
führenden Position verdrängt und dessen Besitz er sich zum größten Teil
angeeignet hat.

Faulkner beschreibt das Leben in *Frenchman's Bend* – so lautet der
Name des Dorfes – in einer nicht leicht zu bestimmenden Tonlage. Schon

die in dem angeführten Brief erwähnten Titel machen stutzig. Der Autor ist des Lateinischen nicht mächtig – doch er zitiert *Ilium, Rus in Urbe*: Will er die Stadt Jefferson mit Troja vergleichen? In der Gestalt Eula Varners schafft er eine Figur, die alle Züge einer «Erdmutterfigur» trägt; *sie erinnerte an irgendein Symbol aus alten dionysischen Kulten, heißt es, Honig im Sonnenlicht und saftstrotzende Früchte, qualvolles Bluten zerquetschter Weinbeeren unter [...] trampelnden Ziegenhufen.* [166] Im Verlauf des Romans erzählt Faulkner von der Liebesziehung des Schwachsinnigen Ike Snopes zu einer Kuh, von einer sexuellen Perversion also, voller grotesker und abstoßender Züge. In Faulkners Darbietung aber wird die Episode zu einer Legende, die der Sphäre griechischer Mythologie zu entstammen scheint. Der Roman enthält zahlreiche Anspielungen solcher Art. Mit Recht nennt Cleanth Brooks die Welt in *Frenchman's Bend* ein «wildes Arkadien»[167]. Zugleich fühlt man sich an eine andere Tradition erinnert. In ihrer humorvollen Übertreibung ähneln Teile des Buches den «tall tales» Mark Twains, den unglaublichen Geschichten aus der Zeit der Grenzer und frühen Siedler, deren Wirkung oft auf dem besonderen mündlichen Vortrag beruhte.

Das Dorf ist ein Roman voller literarischer Echos (so ist im Süden weder der alte Begriff *hamlet* noch die Bezeichnung *peasants* gebräuchlich), und dennoch ist die von Faulkner entworfene ländliche Welt in unserem Jahrhundert angesiedelt. Der Erzähler verleiht dem armseligen Leben der Landbevölkerung ein eigenes Pathos: *Er kam von unten herauf und schaute den Hang seines spärlich gewachsenen kümmerlichen Maisfeldes hinauf, und da lag sie vor ihm; die ungestrichene Hütte mit den zwei Räumen und dem offenen Flur dazwischen und einer angebauten Küche, die ihm nicht gehörte, [...] für die er jährlich fast so viel Miete bezahlte, wie das Errichten der Hütte gekostet hatte; sie war noch nicht alt, aber das Dach war bereits undicht, [...] und das Ganze glich aufs Haar der Hütte, in der er geboren war und die seinem Vater ebenfalls nicht gehört hatte [...].* [168]

Vor die Bilder menschlichen Lebens schieben sich, häufiger als sonst, lyrisch gestimmte Naturbeschreibungen: *Der Mond stand jetzt hoch über ihnen, ein perlenweißes, labyrinthisches Gähnen im samtenen Himmel [...] – von blassen Sternen umgeben. Sie gingen dicht nebeneinander, traten ihre Schatten in den weißen Straßenstaub und loschten die Schatten der sprossenden Bäume aus, die zum fahlen Himmel emporstrebten: Stamm und Ast und Zweig sich zart nach oben verjüngend. [...] und dann tauchte vor ihnen der Birnbaum auf. Er erhob sich in [...] silberner Starre wie aufstäubender Schnee; und noch immer sang die Spottdrossel darin.* [169]

Faulkner selbst war fest überzeugt von dem Rang seines neuen Buches. Als er das Manuskript an seinen Verleger schickte, vermerkte er in einem kurzen handschriftlichen Nachsatz: *Bei Gott, ich bin der beste in Amerika.* [170] Welche Selbstsicherheit!

Doch das breite Lesepublikum nahm noch immer wenig Notiz von sei-

Landschaft mit Negerbehausungen in den Südstaaten

nen Romanen. Immerhin hatte ihm «Time Magazine» im Januar 1939 eine Titelgeschichte gewidmet, die seinen Namen überall im Lande bekannt machte, aber neue Leser hatte ihm der Bericht nicht gewonnen, höchstens unerwünschte öffentliche Neugierde. So häufen sich erneut seine Klagen über seine schlechte finanzielle Situation und die Last der Familie: [...] *als ich dreißig Jahre alt war, wurde ich, [...] ein gewissenhafter und erstklassiger Künstler [...], allmählich zur einzigen, wesentlichen [...] Stütze – Ernährung, Obdach, Wärme, Bekleidung, Medikamente, Hygiene, Schulgelder, Klopapier und Kinobesuche – von meiner Mutter, [...] von der Witwe und dem Kind meines Bruders, von meiner Frau und zwei Stiefkindern und meinem eigenen Kind; ich erbte die Schulden meines Vaters und seine Angehörigen, Weiße und Schwarze, ohne bisher von irgend jemand auch nur einen Zollbreit Land oder ein Möbelstück oder einen Pfennig Geld zu erben; das einzige, was ich je umsonst bekommen habe, nach meinem ersten Paar langer Hosen (Kostenpunkt 7.5o Dollar) waren die 300 Dollar des O. Henry-Preises im vergangenen Jahr. Ohne daß mir irgend jemand geholfen hätte, habe ich das Haus gekauft, in dem ich wohne, mitsamt allen Möbeln, meine Farm desgleichen. Ich bin jetzt 42 Jahre alt und habe bereits für vier Beerdigungen bezahlt und werde bestimmt für noch eine und aller Wahrscheinlichkeit nach für zwei weitere bezahlen, vor-*

ausgesetzt, daß niemand in meiner Familie oder der meiner Frau [...] *mich überlebt, bevor ich bei meiner eigenen Beerdigung angelangt bin.* [171] Faulkner schreibt dies *in ohnmächtiger Verzweiflung* und erbittet sich einen höheren monatlichen Vorschuß von seinem Verleger, um seiner drückenden Schuldenlast begegnen zu können. Random House unterstützte ihn nach Kräften. Durch den Verkauf einiger Kurzgeschichten besserte sich seine Lage vorübergehend. In Wahrheit konnte er schlecht wirtschaften und hatte, wie seine Tochter später bemerkt, «kein Verhältnis zum Geld» [172]. Die Farm warf nichts ab, die Kosten für seinen Haushalt waren hoch. Aber Faulkner hielt hartnäckig an seinem Besitz fest, auch dann noch, als sein Einkommen ihm dies nicht mehr erlaubte. Insgeheim sehnte er sich nach dem unabhängigen, großzügigen Lebensstil seiner Vorfahren.

Die Erzählungen, an denen er arbeitete, greifen ein neues Thema auf: *das Verhältnis zwischen den Weißen und der Negerrasse* [173]. Es ist denkbar, daß ein Todesfall in seiner nächsten Umgebung seine Gedanken verstärkt auf die Rassenfrage gerichtet hat. Im Januar 1940 war Caroline Barr, «Mammy Callie», die jahrzehntelang im Dienst der Faulkners gestanden hatte, in hohem Alter gestorben. Die Trauerfeier wurde in Rowan Oak begangen, Faulkner selbst hielt eine kurze Ansprache, in der er der Toten dankt. *Go Down, Moses*, erschienen im Mai 1942, ist Mammy Callie gewidmet, die *in Sklaverei geboren wurde und meiner Familie diente in rückhaltloser Treue und Selbstlosigkeit und meine Kindheit mit unendlicher Aufopferung und Liebe umgab* [174].

Die Erzählungen nehmen noch einmal das Thema auf, das Faulkner in diesen Jahren so oft bewegt hat – die Frage nach der Verantwortung des einzelnen vor der Geschichte. Ike McCaslin, ein sechzehnjähriger Junge, rekonstruiert aus den Eintragungen in die Konto- und Hauptbücher seiner Familie die Schuld seiner Vorfahren: Sein Großvater hat mit einer ihm von einer Negersklavin geborenen Tochter Blutschande begangen und durch seine Tat die Mutter dieser Tochter in den Selbstmord getrieben. Für den Jungen ist die Geschichte seiner Väter beispielhaft für den auf dem Süden lastenden Fluch Gottes. Er verwirft das ihm zustehende Erbe, doch später zeigt er sich selbst unfähig, die in seiner Herkunft wurzelnden rassischen Vorurteile zu überwinden. Die geschichtliche Schuld wirkt fort. Als er von der Verbindung zwischen einem weißen Nachkommen seiner Familie und einer entfernten schwarzen Verwandten erfährt, weist er die Negerin fort: *«Vielleicht in tausend oder in zweitausend Jahren in Amerika», dachte er. «Aber nicht jetzt! Jetzt nicht!»* [175]

Eng verbunden mit der Frage nach der Schuld der McCaslins sind andere Motive wie jene des Untergangs der Wildnis, der Jagd, des Besitzes, der Beziehungen von Mann und Frau. Sie werden in den Geschichten auf vielfältige Weise variiert, miteinander verknüpft und aus wechselnden Perspektiven dargestellt. Die Figur Ike McCaslins aber steht im Zentrum des Buches. Wie Quentin Compson möchte Ike der Zeit entrinnen; er

William Faulkner mit seiner Frau Estelle

flieht aus einem Leben in geschichtlicher Verantwortung in die Askese des Einsiedlers. Faulkner schildert ihn mit besonderer Sympathie, dennoch trifft ihn Kritik. Am Ende seines Lebens muß er sich sagen lassen: *«Alter Mann, [...] hast du so lange gelebt und so viel vergessen, daß du gar nichts mehr weißt von dem, was du doch gekannt oder gespürt oder wovon du hast reden hören, von der Liebe?»*[176] Einer Journalistin, die ihre Bewunderung für Ike McCaslin bekundet, hält Faulkner später entgegen: *Ich glaube, ein Mann muß mehr tun als nur ablehnen. Ike hätte positiver und bejahender sein müssen, statt den Menschen aus dem Wege zu gehen.*[177]

Der Verzicht allein genügt nicht. Michael Millgate faßt das Dilemma Ikes prägnant zusammen: «[...] was er sagt, ist richtig, aber was er tut, ist falsch.»[178] Das Spannungsverhältnis, in das Faulkner seinen Helden stellt, bleibt ungelöst.

Go Down, Moses – insbesondere die in dem Band enthaltene Geschichte *Der Bär* – ist von der amerikanischen Kritik inzwischen in den Rang eines modernen Klassikers gehoben worden. Wie es scheint, hat Faulkner mit seiner Erzählung an den Nerv eines nationalen Selbstzweifels gerührt. In seiner künstlerischen Entwicklung bedeutet der Band einen vorläufigen Abschluß. Es dauert sechs Jahre, bis mit *Griff in den Staub* (*Intruder in the Dust*) ein neuer Roman erscheint, aber in keinem der noch folgenden Bücher findet Faulkner zu der erzählerischen Kraft seiner früheren großen Werke zurück. In den ihm verbleibenden zwei Jahrzehnten wird er die Früchte seiner Arbeit ernten, öffentliche Ehrungen erfahren, wie sie nur wenigen Schriftstellern zuteil werden, und aus der Zurückgezogenheit der kleinen Stadt im Norden Mississippis in das Licht internationalen Ruhms treten. Bevor sich der ihm gebührende Erfolg einstellt, muß er zunächst jedoch Jahre tiefer Niedergeschlagenheit und finanzieller Not durchstehen. Die ihm von seinem Verleger für das Jahr 1942 gezahlten Tantiemen belaufen sich auf ganze 300 Dollar.

Stil und Welterfahrung:
Die Erzählung «Brandstifter»

Seiner chronischen Geldnot begegnete Faulkner gewöhnlich auf zweierlei Weise. Entweder verpflichtete er sich in Hollywood, oder er schrieb Kurzgeschichten, *potboilers*, Brotarbeit, wie er sie bisweilen verächtlich nannte. Fast 75 kürzere Erzählungen hat er in den zwei Jahrzehnten zwischen 1930 und 1950 veröffentlicht. Manche von ihnen sind offensichtlich am Geschmack eines breiten Publikums orientiert, dennoch nahm Faulkner die Gattung durchaus ernst. Noch in einem späten Brief heißt es: *Die Kurzgeschichte ist nach der Poesie [...] die schwerste Kunstform. Sie ist ein kristallisierter Augenblick, beliebig ausgewählt, worin ein Charakter mit einem anderen Charakter oder mit der Umgebung oder mit sich selbst in Konflikt gerät.*[179] Zu welchen Leistungen der Erzähler gerade auch in der kurzen Form fähig war, sei im folgenden am Beispiel einer der Kurzgeschichten dargestellt. *Brandstifter* (*Barn Burning*), erschienen zunächst im Jahre 1939 in der Zeitschrift «Harper's Monthly» und später als erste Geschichte in den Band der *Gesammelten Erzählungen* aufgenommen, kann in vielerlei Hinsicht als typisch für seine Arbeitsweise gelten.

Die Erzählung handelt von einem etwa zehnjährigen Jungen, der sich in einem Konflikt zwischen zwei gegensätzlichen Wertordnungen befindet. Schon sein Name, *Colonel Sartoris Snopes*, weist auf die Natur des Konflikts hin: Sarty, wie das Kind genannt wird, gehört zur Sippe der Snopes; sein Vorname indessen erinnert an den «alten Oberst» aus den Romanen *Sartoris* und *Die Unbesiegten* und verweist damit auf die Aristokratie des alten Südens, deren Lebenshaltung Faulkner so oft beschrieben hat. Der Junge fühlt sich eng an seinen Vater Ab Snopes gebunden, wird aber zugleich von dessen besitz- und menschenverachtendem Verhalten abgestoßen. (Auch Ab Snopes taucht bereits in *Die Unbesiegten* und später nochmals in *Das Dorf* auf, wo Faulkner die Geschichte Sartys in stark geraffter Form noch einmal erzählt.) Sarty sehnt sich nach einem Leben in *Frieden und Würde*[180]; als er Zeuge wird, wie sich der Vater an seinem Pachtherrn Major de Spain für vermeintlich erlittenes Unrecht rächen will und dessen Scheune in Brand setzt, verrät er den geplanten Anschlag. Im Glauben, daß der Vater durch sein Zutun den Tod gefunden hat, läuft er von seiner Familie und seinem Zuhause davon.

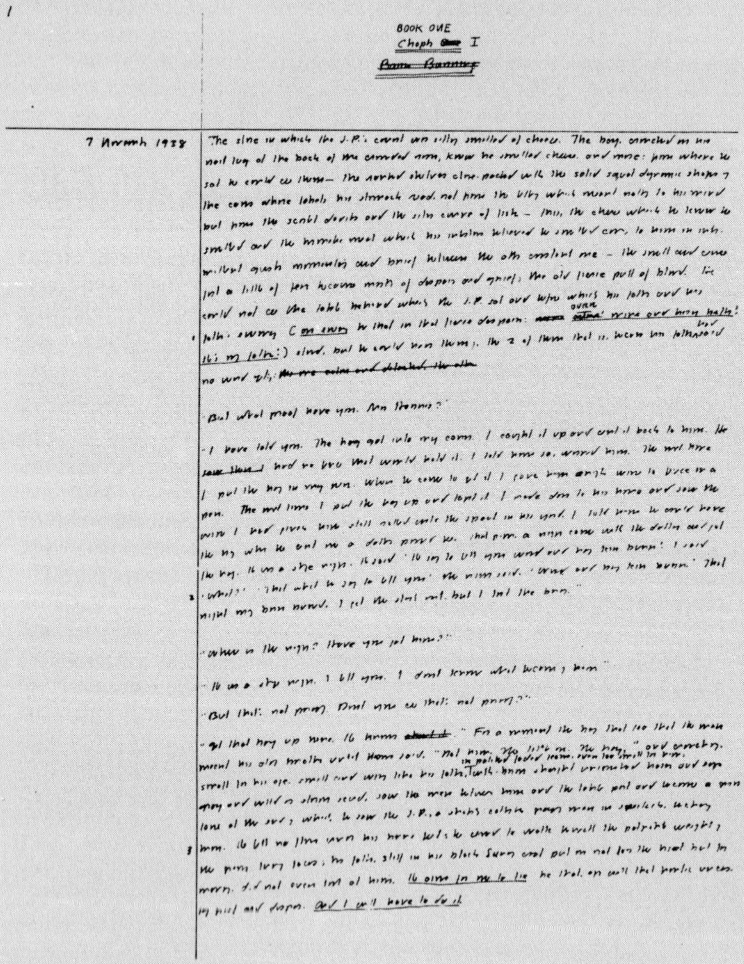
BOOK ONE
Chap ~~One~~ I
~~Barn Burning~~
7 November 1938

Manuskriptseite aus «Barn Burning»

Das Thema der Erzählung erinnert an den Generationenkonflikt in Romanen wie *Absalom, Absalom!* oder *Go Down, Moses.* Indem Sarty sich von seinem Vater löst, bricht er mit dem väterlichen Erbe und handelt gegen die Vergangenheit, gegen *das ererbte Blut, das er sich nicht selber hatte wählen dürfen, das ihm wohl oder übel vermacht worden war und das schon so lange floß (und weiß der Himmel wo, auf welcherlei Wut und Grausamkeit und Lust schmarotzend), ehe es zu ihm gekommen war*[181]. Seine Situation ist schmerzlich, weil seine Bindung an den Vater äußerst eng gewesen ist, rational kaum faßbar und gefestigt durch die Bande des Blutes, *der alten, wilden Stimme seines Blutes*[182]. Wohl geht es um einen moralischen Konflikt, die Entscheidung für das Kind aber wird darum so schwer, weil es gezwungen ist, einem Teil seines eigenen Wesens abzuschwören. Wo derart elementare Regungen im Spiel sind, ist kühles Abwägen nicht möglich – der Entschluß des Jungen, den Vater zu verraten, erfolgt intuitiv eher als bewußt und ist begleitet von einem Gefühl tiefer Trauer: er *saß klein und unaufhörlich zitternd in der kühlen Finsternis, schmiegte sich an den Rest seines dünnen, zerschlissenen Hemdes, und Kummer und Verzweiflung waren jetzt nicht länger Entsetzen und Angst, sondern nur noch Kummer und Verzweiflung. Vater. Mein Vater, dachte er. «Er war tapfer!», weinte er plötzlich auf* [...]. [183]

Faulkner erzählt die Geschichte aus der Perspektive des Kindes; seine Kommentare haben vor allem die Funktion, dessen besondere psychische Situation zu erläutern. Zum Teil gibt er die Gedanken Sartys in wörtlicher Rede wieder: *Er will, daß ich lüge, dachte er* [...]. *Und ich muß es tun.*[184] Oftmals wird die Bewußtseinslage des Jungen auch in allgemeineren Worten umschrieben: der *schreckliche Nachteil, jung zu sein, das Federgewicht seiner paar Jahre*[185], heißt es beispielsweise. Dann wiederum formuliert der Erzähler die Empfindungen des Kindes wie ein Älterer, der dem sprachlich unbeholfenen Jungen nachhilft: *«'s ist so groß wie ein Gerichtsgebäude», dachte er still* (von dem Haus des Pachtherrn), *in einer Aufwallung von Frieden und Freude, deren Ursache er nicht hätte in Worte fassen können, weil er zu jung dafür war.*[186]

Trotz solcher Zusätze läßt Faulkner keinen Zweifel daran, daß es ihm vor allem um die Subjektivität der dargestellten Erfahrung zu tun ist. Gleich der erste Absatz der Geschichte liefert ein Beispiel: *Der Laden, in dem der Friedensrichter die Verhandlung leitete, roch nach Käse. Der Junge, der im Hintergrund des überfüllten Lokals auf dem Nagelfäßchen kauerte, wußte, daß er Käse roch, und mehr noch: von dort, wo er saß, konnte er die aufgereihten Regale sehen, die vollgestopft waren mit den schweren, plumpen, wuchtigen Formen der Konservenbüchsen, deren Schildchen sein Magen lesen konnte – nicht die Buchstaben, die seinem Verstand nichts sagten, sondern die scharlachroten Gewürze und die Silberbögen der Fische; und beide – der Käse, den er tatsächlich roch, und das luftdicht abgeschlossene Fleisch, das seine Eingeweide zu riechen glaubten – meng-*

ten sich flüchtig und kurz, in unregelmäßigem Schwall, zwischen das ande-re, ständige: das Gespür von zwar nur ein klein wenig Angst, vor allem jedoch von Verzweiflung und Kummer [...].[187]

Der Abschnitt ist geprägt von den gegenwärtigen Wahrnehmungen und Empfindungen des Kindes. Der Raum, in dem es sich befindet, wirkt bedrängend, sinnliche Eindrücke stürzen auf den Jungen ein, ohne daß er sich ihrer erwehren oder sie kontrollieren könnte. Dabei schildert Faulkner weniger, was Sarty sieht oder hört oder riecht, als vielmehr den Prozeß der Wahrnehmung und die Art und Weise, wie er die Umwelt erfährt. Er erzählt, wie sich sinnliche Reize mit anderen Empfindungen verbinden, spricht von der Wirkung der Dinge auf den Betrachter und ist gerade hier um Präzision bemüht. So läßt er es nicht bei einfachen Feststellungen bewenden, sondern reiht Attribute aneinander, häuft Adverbien und greift zu negativen Abgrenzungen, um uns an den Vorgängen im Bewußtsein des Jungen teilhaben zu lassen. Das unmittelbare Erlebnis der Welt wird zum Ziel der Darstellung. Eben dies Bestreben macht die Syntax so kompliziert. Die langen, von Einschüben und Erläuterungen oftmals unterbrochenen Perioden rufen einen fast schwebenden Effekt hervor; sie bilden den Verlauf der Wahrnehmung nach und scheinen den Leser in die Entstehung einer Empfindung einzubeziehen.

Die Welt wirkt außerordentlich nah. Es fällt auf, wie oft der Junge im Verlauf der Erzählung körperlichen Berührungen ausgesetzt ist: [...] *er spürte* [...], *wie das rauhe Gewebe des Teppichs an seinen Schenkeln entlangglitt und verschwand; der harte, magere Arm* [...] *griff an ihm vorbei; der lahme Fuß stieß* [...] *ihn wach.*[188] Zumeist sieht Sarty nur das direkt vor seinen Augen Liegende. So folgt er *dem schwarzen Rücken* des Vaters oder dessen *steifem und unerbittlichem Hinken* und bemerkt Personen und Gegenstände erst, wenn sie sich in sein Blickfeld schieben: *Sein Vater erschien in der Tür,* heißt es etwa, oder *die Schwester* [...] *tauchte rückwärtsgehend in der Hoftür* auf.[189] Man hat den Eindruck, als könne sich Sarty von dem Geschehen, dessen Zeuge er wird, nicht lösen; wie gebannt starrt er auf das, was sich vor seinen Augen vollzieht. Mit Absicht beschmutzt der Vater einen kostbaren Teppich seines Pachtherrn. Sarty *sah den lahmen Fuß mitten in einen Haufen frischen Mists treten* [...]. *Und jetzt sah der Junge die Fußspuren des lahmen Beines auf der Türschwelle und sah sie dann auf dem hellen Teppich sich abzeichnen, immer hinter dem mit maschinenhafter Präzision auftretenden Fuß* [...]. *Der Junge sah mit an, wie der steife Fuß den Halbkreis der Drehung langsam nachzeichnete und einen langen, allmählich schwächer werdenden Schmutzstreifen hinterließ.*[190] Die passive Natur seiner Erfahrung wird besonders deutlich in einem Kommentar des Erzählers, als Sarty vor Gericht aussagen soll: es *schien ihm, wie wenn er sich am Ende einer Liane über einen Abgrund geschwungen hätte und mitten im Schwung, in einem endlosen Moment erstarrter Schwerkraft, angehalten worden wäre – schwerelos in der Zeit.*

Wenig später wird er der Welt zurückgegeben: *Nun rauschte die Zeit, rauschte die veränderliche Welt wieder unter ihm, Stimmen drangen durch den Geruch von Käse und Fleischkonserven und durch seine Angst und Verzweiflung [...] bis zu ihm vor.*[191] Es ist, als geschehe die Wirklichkeit an ihm, als ergreife sie Besitz von ihm, eher als daß er sich ihrer bemächtigt. Der Akt der Erkenntnis weicht dem Gefühl eines fast hilflosen Ausgeliefertseins, in dem nicht einmal die eigene Handlungsweise, geschweige denn die Umgebung einer Kontrolle durch die Wahrnehmung oder den Verstand unterworfen ist: er *rannte die Auffahrt entlang, und Blut und Atem tobten; bald war er wieder auf der Straße, obwohl er sie nicht sehen konnte. Und auch hören konnte er nicht: die galoppierende Stute hatte ihn fast eingeholt, ehe er sie hörte, und selbst dann behielt er die Richtung bei, als müsse die Gewalt seines wilden Kummers und seiner Not ihm im nächsten Augenblick Flügel verleihen.*[192]

Die bereits erwähnte Wirkung der Welt auf das Bewußtsein des wahrnehmenden Subjekts hat weitere Folgen. Nur selten erhalten wir eine genaue Vorstellung von der objektiven Beschaffenheit der dargestellten Dinge, ausführlich werden wir dagegen über die Empfindungen unterrichtet, die den Betrachter angesichts eines Gegenstands bewegen. Schon Wendungen wie *im sanften Maiendunst* oder *das rauhe Gewebe des Teppichs*, die *schroffe, kalte Stimme*[193] machen darauf aufmerksam, daß die Gestaltung sich weniger auf das Objekt als vielmehr auf die Qualitäten richtet, die von ihm ausgehen. Deutlicher noch wird dies, wenn es heißt, *der Teppich polterte mit einem unvorstellbar lauten, donnernden Getöse in den Winkel zwischen Wand und Fußboden*, oder wenn Faulkner von der *zähen, überraschenden Kraft* des Vaters oder *unglaublichen Tüllwolken* spricht.[194] Gern rückt er Adjektive hinter das Substantiv, das sie modifizieren, um auf diese Weise ihr Gewicht zu betonen, oder er substantiviert Adverbien und Adjektive, so daß die Eigenschaften wie getrennt von den Gegenständen oder Bewegungen erscheinen und diese selbst an Bedeutung verlieren: *Dann war er aus dem Zimmer gerannt, zum Haus hinaus, in den milden Dunst der sternhellen Straße und in die vom Geißblatt geschwängerte Luft: mit entsetzlicher Langsamkeit spulte sich das bleiche Band unter seinen rennenden Füßen ab.*[195] The heavy rifeness of honeysuckle, heißt es im Original, und man erkennt die Schwierigkeit für den deutschen Übersetzer – *die vom Geißblatt geschwängerte Luft* trifft den Stil Faulkners nur bedingt. Gerade die sich derartig verselbständigenden Attribute der dinglichen Welt aber sind charakteristisch für seine Darstellungsweise. *Er lief hinein in das Weinen seiner Mutter*, heißt es, und als Sarty das Haus des Pachtherrn sieht, ist er *wie von einer warmen Woge überflutet von dem schönen Schwung einer teppichbelegten Treppe und dem herabhängenden Glitzern der Kristalleuchter und dem matten Glanz goldener Bilderrahmen (deluged as though by a warm wave by a suave turn of carpeted stair and a pendant glitter of chandeliers and a mute gleam of*

Joseph Conrad

golden frames).[196] Auch eher abstrakte Eigenschaften, das Phlegma der Schwestern des Jungen oder deren Gesichtsausdruck, erhalten auf diese Weise den Anschein körperlich gegenwärtiger Phänomene: *selbst auf die Entfernung hin und gedämpft durch die Wände strömten die faden, lauten Stimmen der beiden Mädchen eine unausrottbare, träge Faulheit aus*, und: *die Schwester [...] bot ihm in dem flüchtigen Augenblick eine erstaunliche Ausdehnung weiblicher Gesichtszüge dar (an astonishing expanse of female features), auf denen sich nicht einmal Überraschung abzeichnete.*[197] Die Sarty umgebende Welt ist erfüllt von derart verräumlichten Attributen. Die Eigenschaften lösen sich von den Dingen und bedrängen den Menschen; sie rücken die Welt so nahe an das Ich heran, daß ihm eine klare Orientierung unmöglich wird. Abermals zeigt sich, wie eng die Verwandtschaft ist, die Faulkner mit Joseph Conrad verbindet.

Zu dem Gefühl, daß der Mensch in eine Welt verstrickt ist, der er nicht entrinnen kann, trägt die Handlungsgestaltung wesentlich bei. Das Geschehen vollzieht sich innerhalb einer knappen Woche. Wichtiger als der objektiv gegebene zeitliche Rahmen ist freilich das subjektive Erlebnis der Zeit – dieses vor allem bewirkt den Eindruck der Unausweichlichkeit der Ereignisse. Ein Blick auf die Verknüpfung zweier Szenen kann dies verdeutlichen. Am Ende eines Tages sagt Ab Snopes zu seinem Sohn: *«Geh schlafen! Morgen sind wir da!»* Der nächste Satz lautet: *Tomorrow they were there – Morgen waren sie da.*[198] Die Ankunft, meint man, schließt sich unmittelbar an die Worte des Vaters an, ja man spürt eine fast kausale Relation, so als ereigne sich das Geschehen, zumindest für das Kind, in eben der Weise, wie der Vater es bestimmt hat. Wiederum kann die deutsche Übersetzung – *Sie waren am nächsten Tag da* – nicht ganz befriedigen.

Doch auch dort, wo die Zeit langsam zu vergehen scheint, bleibt der Eindruck einer sich notwendig und unaufhaltsam entwickelnden Handlung bestehen. Zum einen weiß der Leser mehr als der Junge, oder er ahnt wenigstens, daß der Erzähler gewisse Informationen über den Ausgang der Geschichte zurückhält – eine Technik übrigens, die Faulkner dem Kriminalroman entlehnt. Zum anderen ist Sarty gezwungen, seine Erwartungen an die Zukunft ständig zu korrigieren: Immer wieder treten Ereignisse ein, die er nicht vorhergesehen hat. Seine Hoffnungen – *Vielleicht ist er jetzt endlich zufrieden, Vielleicht wird er's auch spüren, Damit ist's vielleicht zu Ende*[199] – erfüllen sich nie, und zumeist erkennt er erst nachträglich den wahren Zusammenhang des Geschehens.

Schließlich sei Faulkners Vorliebe für eine Form der Verlaufdarstellung erwähnt, in der sich mehrere Vorgänge überschneiden, ein zweiter und dritter begonnen hat, noch ehe der erste abgeschlossen ist, und die Handlung alle Beteiligten wie in einem Strudel mitzureißen scheint. Die folgende Szene ist typisch:

Er klopfte nicht an, er platzte hinein, schluchzend vor Atemlosigkeit, im Augenblick unfähig zu sprechen; er sah das erstaunte Gesicht des Negers in der Leinenjacke, ohne zu wissen, wann der Neger erschienen war.

«De Spain!» schrie er keuchend. «Wo's...», dann sah er auch den weißen Mann aus einer weißen Tür hinten in der Halle auftauchen. «Der Stall!» schrie er. «Der Stall!»

«Was?» rief der Weiße. «Der Stall?»

«Ja», schrie der Junge, «der Stall!»

«Halt ihn!» schrie der Weiße.

Aber auch diesmal war es dafür zu spät. Der Neger erwischte sein Hemd, doch nur ein ganzer Ärmel, der vom häufigen Waschen morsch war, löste sich, und er war auch hier aus der Tür hinaus und wieder in der Auffahrt, ja, er hatte eigentlich gar nicht zu rennen aufgehört, selbst während er dem weißen Mann ins Gesicht schrie.[200]

Die Erzählung *Brandstifter* enthält auf knappem Raum zahlreiche Merkmale, die die Welt Faulkners unverwechselbar machen. Die enge Verkettung des Geschehens, die Fülle sinnlicher Eindrücke, der das Bewußtsein ausgesetzt ist, die Komplexität der dargestellten Erfahrung, in der Ahnung und Intuition eher als die rationalen Fähigkeiten des Menschen dominieren, die persönliche, elementare Betroffenheit des einzelnen, das Gefühl, daß die Welt sich des Individuums bemächtigt und es fortreißt – auf solche Züge stoßen wir in Faulkners Schaffen immer wieder. «Seine Kraft liegt jenseits aller kargen Vernünftigkeit», hat Günter Blöcker von Faulkner gesagt [201] – eben diese Kraft zeigt sich auch in den kurzen Erzählungen. Als Faulkner, dem Drängen seines Verlegers folgend, eine Auswahl aus seinen Erzählungen zusammenstellte, die Random House 1950 herausbrachte, notierte er befriedigt: *Das Zeug macht sich, nach den paar Jahren, 10 oder 20, erstaunlich gut.* [202]

Ruhm

Ich erzähle immer wieder die gleiche Geschichte, schrieb Faulkner in einem Brief aus dem Jahre 1944, *nämlich mich und die Welt.* [...] *Ich versuche,* [...] *alles in einem einzigen Satz zu sagen, zwischen einem einzigen großen Anfangsbuchstaben und einem einzigen Punkt. Ich versuche noch immer, alles, wenn möglich, auf einem Stecknadelkopf unterzubringen. Ich weiß nicht, wie ich es tun kann. Ich weiß nur, daß ich dauernd fortfahren und es auf eine andre Art versuchen muß.*[203] Ein anderer Brief erwähnt die ungestüme Hingabe (*the heat*), mit der er gearbeitet hat: *Ich habe zu schnell und zu viel geschrieben. Ich meinte, und das scheint mir jetzt lange her zu sein, daß etwas, das wert war, gesagt zu werden, wohl besser wüßte als ich, wie es gesagt werden mußte* [...].[204] Jetzt sieht er sich in einem neuen Stadium: *Falls ich mich nicht täusche* [...], *bin ich jetzt endlich erwachsen. Während meines ganzen Schriftstellerlebens bin ich ein Dichter ohne Vorbild gewesen, der nur seinen Instinkt und eine feurige Überzeugung und den Glauben an den Wert und die Wahrheit dessen besaß, was er tat, und einen grenzenlosen Mut zur Rhetorik (auch persönliche Freude daran, ich geb's zu), und der wenig anderes kannte oder mochte. Und jetzt mache ich etwas anderes – etwas so anderes, daß ich dauernd schreibe und überarbeite und jedes Wort abwäge, was ich bisher nie getan habe* [...].[205] Faulkner hat seinen langen Kampf mit dem Roman *Eine Legende* (*A Fable*) aufgenommen – über zehn Jahre lang wird er mit diesem Buch ringen, bis er es endlich vollendet. Aber er hat auch begonnen zurückzublicken, Bilanz zu ziehen: [...] *ich bin wie die alte Stute, die fünfzehn- bis sechzehnmal Fohlen getragen und geworfen hat und nun glaubt, daß sie nur noch 3 oder 4 in sich hat.*[206] Diese Haltung, die selbstbewußte Rückschau und der sichtlich mühsamer gewordene Versuch, noch immer neue Möglichkeiten des Ausdrucks zu erproben, ist charakteristisch für die kommenden Jahre.

Zunächst geriet der Autor nahezu völlig in Vergessenheit. Im Jahre 1944 war von seinen Büchern nur noch *Die Freistatt* lieferbar, und Faulkners finanzielle Lage war verzweifelt. Schon bald nach Amerikas Eintritt in den Zweiten Weltkrieg bewarb sich der Fünfundvierzigjährige um einen Posten in der Armee, der Luftwaffe und schließlich der Zivilverteidigung, doch alle Anstrengungen blieben vergeblich. Wiederum bot Hollywood Abhilfe, wenn auch zu mehr als ungünstigen Bedingungen. Faulkners Briefe aus diesen Jahren sind voller Bitterkeit: *Welch ein Kommentar*, schrieb er an seinen Agenten, *in Frankreich bin ich der Vater einer literarischen Bewegung. In Europa hält man mich für den besten modernen amerikanischen Autor und stellt mich unter die besten überhaupt. In Amerika verbessere ich mein kümmerliches Einkommen als Lohnschreiber für den Film, indem ich den 2. Preis in einem schon vorher entschiedenen Wettbewerb für Kriminalgeschichten gewinne.*[207] Sein Pessimismus reichte tief: *Schon einige Zeit habe ich erwartet, in einem bestimmten Alter (mit Anfang Fünfzig) jenes Stadium zu erreichen, das die meisten Künstler zu erreichen scheinen, wo sie zugeben, daß es keine Lösung des Lebens gibt und daß* das Leben *nicht wert ist, gelebt zu werden, und es vielleicht auch nie war.*[208]

Das Kriegsgeschehen beschäftigte ihn; es spiegelt sich in seinen Erzählungen wie in der Korrespondenz dieser Zeit. Die Briefe sind reflektierter, abwägender als früher. Seinen Stiefsohn Malcolm Franklin, der sich freiwillig für den Dienst in der Armee gemeldet hatte, bestärkte er in seiner Entscheidung: *Ich finde es gescheit von Dir, daß Du Dich gestellt hast [...]. All Deine Altersgenossen werden mit dabeisein, ehe* der Krieg *vorüber ist, und wenn Du nicht einer von ihnen bist, wirst du es ewig bedauern. [...] Seltsam, wie sehr sich ein Mann, einerlei, wie intelligent er ist, an diesen öffentlichen Beweis seiner Männlichkeit klammert: seinen Mut und seine Ausdauer, seine Bereitwilligkeit, sich für das Land zu opfern, das seine Ahnen geformt hat. Auch ich möchte nicht gehen. Kein vernünftiger Mensch liebt den Krieg. Aber wenn ich kann, gehe auch ich, vielleicht nur, um mir selbst zu beweisen, daß ich [...] ebensoviel wie jeder andre tun kann, um den Lebensmodus zu schützen, der mir der liebste ist und der meinen Verwandten und Artgenossen zusagt. [...] Wir müssen darauf achten, daß nach diesem Krieg nicht auch wieder der alte laodikäische Gestank aufsteigt. Doch um das zu tun, müssen wir hegen, was wir an Freiheit und Unabhängigkeit bereits haben. Zuerst müssen wir die Freiheit auf dem Schlachtfeld festigen.*[209] Als Faulkner erfuhr, daß der Sohn seines Verlegers als Bomberpilot gefallen war, war er bewegt. Mit fast beschwörenden Worten wandte er sich abermals an seinen Stiefsohn: *Auf diesen Krieg muß ein Umschwung folgen. Wenn er nicht kommt, wenn die Politiker und die Leute, die dieses Land regieren, nicht gezwungen werden, das Schibboleth wahrzumachen, mit dem sie so glattzüngig von Freiheit, Unabhängigkeit und Menschenrechten einherreden, dann habt Ihr jungen Leute, die Ihr ihn überlebt, Eure kostbare Zeit vergeudet, und die andern, die ihn nicht überleben, werden vergebens gestorben sein.*[210] Andere Briefe sind distanzierter: *Der Krieg ist ungünstig fürs Schreiben. [...] Diese Sublimierung und Verherrlichung aller Höhlenmensch-Instinkte, die überwunden zu haben der Mensch gehofft hatte, die wieder ans Tageslicht gezerrt werden, widerrechtlich einen Platz beanspruchen, sogar allen Platz [...]. Etwas muß weichen: möge es das Schreiben sein, die Kunst, es ist vormals*

Selbstporträt

geschehen und wird wieder geschehen. Doch es ist zu ärgerlich, daß ich jetzt gelebt habe. Noch zu jung, um bei den alten heimtückischen Dämonen der Trompeten ungerührt zu bleiben, und zu alt, um entweder einer von ihnen zu sein oder dagegen gefeit zu sein, und deshalb zu alt, um zu schreiben – und die verbleibende Zeit mit Warten verbringen zu müssen, bis die Trompeten und die Blitzstrahlen des Ruhms sich verausgabt haben. Ich habe ein ansehnliches Talent, vielleicht ein ebensogutes wie jeder andre Altersgenosse. Aber ich bin jetzt 46. Mit «habe» werde ich deshalb sehr bald «hatte» meinen. [211]

Unterdessen versuchte Malcolm Cowley, der bekannte Kritiker, Autor und Herausgeber, in mehreren großen Aufsätzen das Werk Faulkners einem breiteren Publikum zu erschließen. Das gleiche Ziel bestimmte ein weiteres Vorhaben Cowleys: die Edition einer Auswahl von Faulkners Werken in einem Band. Faulkner reagierte positiv: *Die Idee ist sehr gut. [...] Ja, lassen Sie uns unbedingt ein Goldenes Buch über mein apokryphes County machen. Ich hatte geplant, meine alten Tage mit etwas dieser Art zuzubringen.* [212] Er machte Vorschläge zum Inhalt des Bandes und war von Beginn an außerordentlich kooperativ. Der Rückblick stimulierte ihn – als Appendix zu *Schall und Wahn*, aus dem Cowley einen Teil aufnehmen

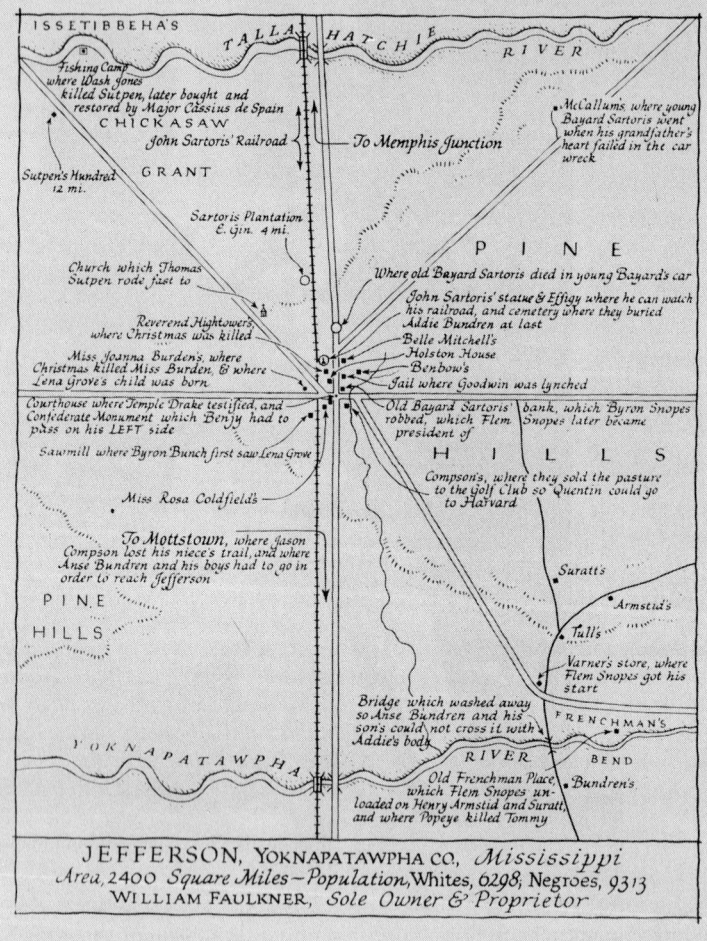

Die Landkarte von Yoknapatawpha County aus Cowleys «The Portable Faulkner»

wollte, schickte er eine ausführliche Genealogie der Familie Compson und deren schwarzer Dienerschaft. Sechzehn Jahre nach dem Erscheinen des Buches waren ihm dessen Charaktere noch derart gegenwärtig, daß er ihre Geschichte rekapitulieren und fortspinnen konnte, ohne den ursprünglichen Text noch einmal zu konsultieren.

Der Plan Cowleys kam im richtigen Moment – er bot die Gelegenheit zur Rückschau und zur Sichtung des Erreichten und machte Faulkner selbst den engen Zusammenhalt seines Werkes deutlich. Zwischen Autor und Herausgeber entwickelte sich eine lebhafte Korrespondenz; als «The Portable Faulkner» («Faulkner in einem Band») im Frühjahr 1946 erschien, schrieb Faulkner begeistert an Cowley: *Das ist eine Glanzleistung – Hol Sie der Kuckuck! [...] Bei Gott, ich habe selbst nicht gewußt, was ich zu tun versucht habe und wieviel mir gelungen ist.*[213]

Die von Cowley getroffene Auswahl aus den Werken ist so arrangiert, daß sie eine Geschichte von *Yoknapatawpha County* ergibt, von der Ankunft der ersten weißen Siedler bis in die Gegenwart. Aus den Erzählungen und Romanauszügen entsteht das Bild einer festgefügten Welt; eine von Faulkner beigesteuerte Karte seines «mythischen Königreichs» verstärkt den Eindruck, als sei «jedes Buch ein Strang oder ein Glied in einem Ganzen, das im Bewußtsein des Autors immer als Ganzes existierte». Wie in Balzacs «Comédie humaine», meint Cowley, lassen sich in Faulkners «Saga» von *Yoknapatawpha County* verschiedene Zyklen erkennen – jener über die Pflanzeraristokratie, ein weiterer über die Stadt Jefferson und ihre Bevölkerung, wiederum andere über die «armen Weißen», die Indianer, die Neger. Der Entwurf eines «lebendigen Gewebes», das die einzelnen Bücher miteinander verbindet und sich zu einem organisch gewachsenen Ganzen zusammenfügt, sei Faulkners wahre Leistung.[214]

Man versteht, warum Faulkner den Band voller Zustimmung begrüßte. Der Gedanke des «lebendigen Gewebes» und der Einheit seines Werkes kam ihm entgegen; zugleich erfreute und befriedigte ihn die Würdigung, die seine Arbeit erfuhr. Aus der Begegnung der beiden Männer entstand eine persönliche Freundschaft. Faulkner vertraute dem anderen und öffnete sich ihm. Cowley respektierte die Scheu des Erzählers vor biographischer Zudringlichkeit und wahrte selbst Distanz. Noch das Porträt des Freundes, das er in einem späteren Band zeichnete, zeugt von aufrichtiger Bewunderung. Cowley betont die Würde Faulkners, seine persönliche Bescheidenheit, seinen Mut, sein durch nichts zu erschütterndes Genie, seinen Stolz. «Sein Stolz ließ ihn nach seinen eigenen Maßstäben handeln, und diese [Maßstäbe] waren stets hoch.»[215]

Was Cowley meint, illustriert eine Episode aus diesen Jahren in Faulkners Leben. Um ihn aus der Fron Hollywoods zu retten, bot ihm ein Verlag eine Vorauszahlung von 5000 Dollar für ein «Sachbuch» über den Mississippi. Trotz seiner äußerst schwierigen finanziellen Lage lehnte Faulkner ab: *Ich habe noch nie ein Buch dieser Art geschrieben, hatte nie die*

Neigung verspürt, eins zu schreiben, und weiß daher nicht genau, wo ich anfangen soll. In gewissem Sinne bedeutet es also, im Alter von 47 Jahren ein neues Gewerbe zu lernen [...], *mit einem «kalten» Start, ohne den Funken, die Glut, aus der ein Buch oder Bild fast selbständig auflodern sollte.* [...] *Ich möchte die Männer, die das Angebot möglich machten, nicht dadurch kränken, daß ich das Geld für etwas annehme, das weniger als mein Bestes ist.* Er mochte sich an Hollywood verkaufen, seine Integrität als Schriftsteller aber wollte er unter keinen Umständen gefährden: *weil ich dann moralisch und geistig doch noch in Hollywood wäre.*[216] Wenig später faßte er seine Haltung in einem Satz zusammen: *Nach dreißig Jahren qualvoller Arbeit bin ich dem Namen Faulkner mehr verpflichtet als dem Bauch Faulkner.*[217]

Die Arbeit an *Eine Legende,* [s]*einem magnum o*[pus][218], wie Faulkner mittlerweile meinte, zog sich hin, wurde oft unterbrochen und führte den Autor auf Irrwege: *Gerade habe ich noch einen schlimmen Schnitzer im Manuskript entdeckt. Kein Wunder, daß sich niemand eine rechte Vorstellung machen kann,* bekannte er 1947; bald darauf heißt es: *Hin und wieder denke ich, das Zeug taugt nichts und das sei der Grund, weshalb es so lange dauert. Doch ich höre nicht auf* [...].[219] Seine wachsenden Zweifel veranlaßten ihn schließlich, das Manuskript eine Zeitlang zur Seite zu legen. In knapp drei Monaten stellte er einen anderen Roman fertig – *Griff in den Staub, eine Mord- und Kriminalgeschichte, deren Thema* [...] *das Verhältnis von Negern und Weißen* ist, *insbesondere der Gedanke, daß die Weißen im Süden* [...] *dem Neger Verantwortung schulden. Aber es ist eine Geschichte; keiner predigt darin,* versicherte er seinem Agenten in New York.[220] Noch ehe das Buch im Druck erschienen ist, kaufte Metro-Goldwyn-Mayer im Sommer 1948 für die stattliche Summe von 50000 Dollar die Filmrechte an dem Roman. Faulkners finanzielle Sorgen waren fürs erste behoben.

Griff in den Staub ist in der Tat eine Art Kriminalroman, ein Genre, für das Faulkner durchaus eine Vorliebe hatte, wie nicht nur *Die Freistatt,* sondern viele der kürzeren Erzählungen beweisen. Jetzt geht es um die Aufklärung eines Mordes, dessen der Neger Lucas Beauchamp beschuldigt wird. Beauchamp droht gelyncht zu werden, weil er angeblich einen Weißen hinterrücks erschossen hat. Eingeschoben in den Roman sind lange Diskurse des Rechtsanwalts Gavin Stevens über das Rassenproblem und das Verhältnis zwischen den Süd- und den Nordstaaten.

Der Zusammenhang zwischen *Griff in den Staub* und dem fast sieben Jahre zuvor entstandenen *Go Down, Moses* liegt auf der Hand – sowohl in der Thematik wie in der Wahl der Charaktere knüpfte Faulkner an das frühere Werk an. Neu ist der didaktische Zug, der den Roman durchzieht. Faulkner vertritt ein Anliegen; seine Behauptung, niemand *predige* in dem Buch, trifft nicht zu. Gavin Stevens zumindest hat eine Botschaft zu verkünden, jene nämlich, daß der Süden das Rassenproblem allein lösen müsse, ohne die Hilfe, aber auch ohne die Einmischung des Nordens: *Ich verteidige Lucas Beauchamp. Ich verteidige Sambo gegen den Norden, den Osten und den Westen, gegen die* [Fremden], *die ihn um Jahrzehnte zurückwerfen wollen nicht nur ins Unrecht, sondern auch in Leid, Qual und Gewalt, indem sie uns Gesetze aufzwingen, die auf der Vorstellung beruhen, daß die Ungerechtigkeit des Menschen gegen den Menschen durch Polizei über Nacht abgeschafft werden kann. [...] Ich sage nur, daß das Unrecht auf unserer Seite ist, der Seite des Südens. Wir müssen es selbst sühnen und abschaffen, allein, ohne Hilfe und sogar unter (dankendem) Verzicht auf Ratschläge. Das sind wir Lucas schuldig* [...].[221]

Der Gegensatz zwischen dem Süden und dem Norden Amerikas gilt nicht nur im Hinblick auf die Rassenfrage. Für den Jungen Chick Mallison, aus dessen Perspektive der Roman erzählt wird, ist der Norden der Inbegriff des Fremden und Feindlichen, [...] *nicht bloß ein geographischer Ort, sondern ein Gedanke, der seine Gefühle aufwühlte, eine Seinsweise, der Trotz zu bieten* [...] *er mit der Muttermilch eingesogen hatte.*[222] Der Süden müsse sich gegen den Norden verteidigen, heißt es, gegen die Industrialisierung und gegen die übermächtige Regierung in Washington, die den einzelnen seiner Freiheit beraube. Die Kraft für solche Abwehr findet der Südstaatler in seiner Vergangenheit: Noch heute könne jeder in den Südstaaten geborene und dort aufgewachsene Junge sich jederzeit vor Augen rufen, wie es war, bevor die entscheidende Schlacht des Bürgerkriegs bei Gettysburg geschlagen und damit die Niederlage des Südens besiegelt war.

Die Handlung des Romans scheint die These zu belegen, daß der Süden das Rassenproblem tatsächlich aus eigener Kraft bewältigen kann. Die Gefahr der Lynchjustiz wird abgewendet, Lucas Beauchamp verläßt das Gefängnis als freier Mann. In der Gestalt Beauchamps – Faulkner übernimmt sie aus der Erzählung *Das Herdfeuer* in *Go Down, Moses* und entwickelt sie weiter – zollt der Autor dem Schwarzen noch einmal höchsten Respekt. Alle Versuche seiner Umgebung, Lucas den entwürdigenden Regeln, die das Verhältnis von Weißen und Schwarzen im Süden bestimmen, zu unterwerfen und ihn damit zu einem den Weißen gefügigen *nigger* zu machen, scheitern an dessen störrischer Selbstbehauptung und dem ihm eigenen Stolz. Die Mehrheit der Weißen dagegen wird verächtlich als leicht aufzuwiegelnde Masse dargestellt, die sich nur zu gern aller individuellen Verantwortung entzieht. Freilich relativiert Faulkner den Gegensatz zwischen den Rassen in ironischer Weise: Lucas gründet seinen Stolz weniger auf seine rassische Zugehörigkeit als auf seine Abstammung von dem alten Carothers McCaslin, jenem McCaslin, den in *Go Down, Moses* die Schuld der Blut- und Rassenschande trifft.

Die Achtung vor der anderen Rasse ist ein durchgehender Zug in Faulkners Werk. Bisweilen werden aus dem Respekt Bewunderung und Verehrung – die Figur Dilseys in *Schall und Wahn* liefert ein Beispiel.

Dennoch bleibt die Kluft zwischen Weißen und Schwarzen gewöhnlich unüberbrückbar. Sie wird als schmerzhaft empfunden, aber als unabänderlich hingenommen. Nur Kindern und Frauen gelingt es bisweilen, sie zu überwinden. Zumeist erscheinen die Schwarzen in Faulkners Welt in sozial niederen Stellungen, als Dienstpersonal, Landpächter oder -arbeiter, ihr sozialer Rang und ihre Lebensumstände besagen indessen wenig über ihre menschlichen Eigenschaften. Viele Szenen des Werkes dienen dem Zweck, landläufige Vorurteile der weißen Bevölkerung über die Schwarzen zu widerlegen. Sie heben den Stolz, die Leidensfähigkeit und vor allem die natürliche Würde des schwarzen Menschen hervor, und oftmals scheint es, als billige der Erzähler dem Neger ein größeres Maß an Taktgefühl und eine höhere Sittlichkeit zu als seinem weißen Gegenspieler. Allerdings spürt man gelegentlich auch eine gewisse Herablassung dem Schwarzen gegenüber, eine Art patriarchalischen Denkens, demzufolge er eben doch *Sambo* ist, eine komische Figur, deren Possen der aufgeklärte Weiße freundlich belächelt. Die Seltenheit derartiger Momente in Faulkners Werk beweist indessen, wie wenig er sich von den in seiner Umgebung herrschenden Vorstellungen über die Eigenarten der Schwarzen hat beeinflussen lassen.

In seinen öffentlichen Äußerungen über die Rassenfrage vertrat Faulkner eine liberale Position. Er war skeptisch gegenüber einer durch Gesetz und Verordnung erzwungenen Integration der Rassen, setzte sich aber entschieden für die Gleichberechtigung der Schwarzen in allen Lebensbereichen ein, wobei er immer wieder an die besondere Verantwortung der Weißen für die Schwarzen appellierte. Wiederholt forderte er, daß es in Amerika keine zwei Klassen von Bürgern geben dürfe: *Diese Nation kann nicht bestehen bleiben, wenn eine Minderheit von 10 Prozent, bedingt durch den Zufall ihrer äußeren Erscheinung, als Bürger zweiter Klasse angesehen wird.*[223] Die Jahre, in denen er mit solchen Forderungen an die Öffentlichkeit trat, waren geprägt durch zahlreiche Unruhen, die der 1954 vom Obersten Gerichtshof erlassene Spruch zur Aufhebung aller nach Rassen getrennten Schulen ausgelöst hatte. Im tiefen Süden wirkte das Eintreten des Autors für die Schwarzen radikal und umstürzlerisch; entsprechend scharf war die Kritik, die ihm aus konservativen Kreisen entgegenschlug. Man schimpfte ihn einen Verräter an der Sache der Südstaaten, und selbst die eigenen Brüder fanden kein Verständnis für seine Haltung: «Die von ihm vertretenen Ansichten standen in schroffem Gegensatz zu den Gefühlen der übrigen [Familienmitglieder]», heißt es in den Erinnerungen des jüngeren Bruders Murry Falkner.[224] Fortschrittlichen Kräften im Norden dagegen ging Faulkner nicht weit genug, wenn er (wie Gavin Stevens) dafür plädierte, dem Süden Zeit zur Besinnung zu geben. In vielen offenen Briefen an große Zeitungen im Süden wie im Norden bat Faulkner um Aufschub, so auch in dem *Brief an den Norden*, den die Zeitschrift «Life» im Jahre 1956 veröffentlichte: *So möchte ich zu*

Nach der Premiere von «Intruder in the Dust» im «Lyric Theatre» in Oxford 1949

allen Organisationen und Gruppen, die dem Süden die Integration durch Gesetze aufzwingen wollen, sagen: Haltet jetzt für einen Augenblick inne. Ihr habt dem Südstaatler gezeigt, was Ihr tun könnt und, wenn nötig, tun werdet. Gebt ihm Zeit, daß er Atem holen und dieses Wissen verarbeiten, daß er um sich blicken und verstehen kann, 1) daß ihm niemand die Integration von außen aufzwingen wird; 2) daß er in seinem Land einem längst überholten und veralteten Zustand gegenübersteht, den nur er selbst heilen kann; nicht nur einem moralischen Zustand, der geheilt werden muß, sondern einem physischen Zustand, der geheilt werden muß, wenn er, der Südstaatler, je Frieden finden soll [...].[225] Das Problem verfolgte ihn bis an sein Lebensende.

Griff in den Staub – der Roman erschien im September 1948 – wurde trotz mäßiger Kritiken ein Publikumserfolg. In seiner Heimatstadt stieg Faulkners Ansehen merklich an, als die Filmteams aus Hollywood eintrafen, um in Oxford und seiner Umgebung mit den Dreharbeiten für den Film zu beginnen; mit dessen Uraufführung im Lyric Theatre in Oxford erreichte die Aufregung ihren Höhepunkt – William Faulkner, der bis dahin argwöhnisch betrachtete Außenseiter, wurde plötzlich zum gefeierten Sohn der Stadt. Er ließ die Ehrungen eher widerwillig über sich ergehen. Befreit von finanziellen Sorgen, widmete er sich einer neu entdeckten Passion. Nachdem er zunächst mit Freunden zusammen ein Hausboot zurechtgezimmert hatte, erwarb er ein altes Segelboot und unternahm auf einem nicht weit von Oxford gelegenen großen Stausee ausgedehnte Segeltouren. Noch immer sagten ihm derartige Aktivitäten zu: *Ich habe sehr viel Spaß an meiner Schaluppe*, schrieb er an seinen Verleger, *bin ein recht guter Seemann geworden, auf einem See, wo innerhalb von 30 Minuten Wind und Wetter ein dutzend mal umschlagen können. Regen und Gewitter in dieser Jahreszeit, und während 5 oder 10 Minuten ziemlich aufregend. Habe ein paar Wanten verloren, aber bisher weder Mast noch Segel. Mit dem Kalfatern des Rumpfs habe ich anscheinend regelrechte Facharbeit geleistet; zehn Jahre war sie alt, als ich sie gekauft habe, vier Jahre nicht im Wasser gewesen [...]. Sie läuft bei sehr leichtem Wind und kann in jede Bucht rein und raus, in der sie sich noch eben umdrehen kann. Zwei Nachbarsjungen und meine 16jährige Tochter sind meine Mannschaft.*[226] Er taufte das Boot *Ring Dove* (*Lachtaube*); den Namen gab ihm eine Erzählung von Joseph Conrad. Die Spuren seiner frühen Lektüre sind nicht nur im Werk sichtbar.

Unterdessen mehrten sich die Gerüchte, daß ihm eine Auszeichnung besonderer Art bevorstand. Schon im Jahre 1949 wurde sein Name an führender Stelle auf der Liste der Kandidaten für den Nobelpreis genannt, doch eine Minderheit der Juroren entschied sich gegen ihn. Im November 1950 fiel das Votum einstimmig aus: William Faulkner wurde nachträglich der Nobelpreis für Literatur für das Jahr 1949 zugesprochen, in Anerkennung seines «machtvollen und unabhängigen künstlerischen

Faulkner vor seinem Abflug nach Stockholm, Dezember 1950.
Rechts seine Tochter Jill, die ihn begleitete

Beitrags zur neuen Erzählliteratur Amerikas», wie es in der Begründung hieß. Faulkners Reaktion war zwiespältig. In einer seiner ersten Äußerungen wiederholte er, was er schon früher gesagt hatte: *Ich möchte lieber mit Dreiser und Sherwood Anderson ins gleiche Fach gesteckt werden als mit Sinclair Lewis und Mrs. Chinahand Buck* [227] – Sinclair Lewis hatte den Preis 1930, Pearl S. Buck acht Jahre später erhalten. Mochte die Erinnerung an frühere Preisträger die Freude über die Auszeichnung trüben, stärker fürchtete sich Faulkner vor der Woge der Publizität, die ihn nun einzuholen drohte. Er ergriff die Flucht und brach umgehend zu einem Jagdausflug in das unzugängliche Gebiet des Mississippi-Deltas auf. Bevor er untertauchte, gewährte er nur einem alten Freund, dem Herausgeber der Zeitung seiner Heimatstadt, ein knappes Interview und formulierte ein kurzes Antwortschreiben an die Akademie in Schweden. Es mündet in einer Absage, an der Verleihungszeremonie in Stockholm teilzunehmen: *Ich gehe davon aus, daß der Preis nicht mir, sondern meinen*

Werken gilt – als Krönung der dreißig Jahre voller Verzweiflung und Mühsal des menschlichen Geistes, um etwas zu erschaffen, das vor mir nicht hier war, mit dem Ziel, das Herz des Menchen zu erheben, oder vielleicht zu trösten, oder doch wenigstens zu unterhalten. Dreißig Jahre nahm es in Anspruch. Ich bin jetzt über fünfzig, wahrscheinlich ist nicht mehr viel im Tank. Ich meine, daß das, was nach den dreißig Arbeitsjahren noch verbleibt, nicht wert ist, von Mississippi nach Schweden getragen zu werden, ebenso wie ich meine, daß das Verbliebene nicht verdient, den Preis für sich selbst zu beanspruchen, und daher hoffe ich, für das Geld eine [...] Verwendung zu finden, die der Absicht und der Bedeutung seiner Herkunft angemessen ist. [228]

Es bedurfte vielfältiger Anstrengungen seiner Familie, seiner Freunde und nicht zuletzt einflußreicher Regierungsbeamter, um Faulkner dazu zu bringen, seine Entscheidung zu revidieren und den Preis entgegen seiner ursprünglichen Absicht selbst in Empfang zu nehmen. Die Reisevor-

Faulkner in seinem Segelboot «Ring Dove»

bereitungen gestalteten sich problematisch. Während des Jagdausflugs hatte Faulkner zu trinken begonnen, und auch nach seiner Rückkehr nach Oxford machte er keine Anstalten, vom Alkohol zu lassen. Man kam auf den Einfall, den Kalender vorzustellen, um Zeit für die notwendige Ausnüchterungsphase zu gewinnen, aber er durchschaute das Manöver und kostete seinen Triumph aus: *Ich habe noch drei Tage, an denen ich trinken kann*, entschied er und flüchtete erneut in den Rausch.[229] Erst allmählich löste er sich und trat, noch immer kaum genesen, in Begleitung seiner Tochter den Flug nach Stockholm an. Bei jedem Zwischenaufenthalt stellte er sich trotz seiner körperlichen Schwäche den Reportern; in New York warteten Gesellschaften und neue Verpflichtungen auf einen Preisträger, der sich vor Erschöpfung kaum aufrechthalten konnte. Aber er stand die Anstrengungen durch, einschließlich der Empfänge und des Galadiners in Stockholm, bei dem ihm die Medaille und die Urkunde aus der Hand König Gustav Adolfs verliehen wurde. Zwar trug er seinen geliehenen Frack nur widerwillig, folgte im übrigen aber dem Protokoll mit größter Artigkeit. Besorgt fragte er immer wieder: *Habe ich das richtige getan? Ich will das richtige tun*[230] – sein ausgeprägter Sinn für Anstand und gutes Benehmen zeigte sich nicht nur bei dieser Gelegenheit.

Wann immer es seine Zeit und Verfassung erlaubten, hatte er an seiner Dankesrede gearbeitet. Mit fast tonloser Stimme vorgetragen, enthielt sie eine Botschaft, die für viele seiner Leser überraschend kommen mußte. Die einleitenden Sätze wiederholten den schon zitierten Gedanken, daß die Ehrung seinem Werk, aber nicht seiner Person gelte; dann wandte sich Faulkner den *jungen Männern und Frauen* zu, *die sich derselben Mühsal und Arbeit gewidmet haben* wie er selbst, und fuhr fort: *Unsere Tragödie heute ist eine allgemeine und weltumfassende Furcht, die nun schon so lange auf uns lastet, daß wir sie zu ertragen gelernt haben. Alle geistigen Fragen sind verdrängt von der Frage: Wann werde ich in die Luft gesprengt? Deshalb hat der junge Mensch, der heute schreibt, das Problem vergessen, das allein für gutes Schreiben bürgt, das allein Schmerz und Mühsal des Schreibens wert ist: das menschliche Herz im Widerstreit mit sich selbst.*

Das muß er wieder lernen. Er muß sich lehren, daß Angst das Erbärmlichste ist. Und wenn er das begriffen hat, muß er die Angst für immer vergessen, und in seinem Werk wird nur Platz sein für die alten, überall gültigen Wahrheiten und Wirklichkeiten des menschlichen Herzens, ohne die jede Geschichte totgeboren ist: Liebe und Ehre und Mitleid und Stolz und Erbarmen und Opfer. Und solang er das nicht tut, lastet ein Fluch auf seiner Arbeit. Er schreibt nicht von Liebe, sondern von Lust; von Niederlagen, bei denen niemand etwas von Wert verliert; von Siegen ohne Hoffnung; und, was das schlimmste ist, ohne Mitleid und Erbarmen. Er trifft nicht den Nerv der Welt, er hinterläßt keine Narben. Er schreibt nicht mit dem Herzen, sondern mit den Drüsen.

*Solange er das nicht wieder lernt, wird er schreiben als Mensch unter
Menschen, deren Untergang er zusieht. Ich weigere mich, den Untergang
der Menschen hinzunehmen. Es ist einfach zu sagen, der Mensch sei unsterblich, einfach weil er überleben wird: daß, wenn der letzte Gongschlag
des Jüngsten Gerichts ertönt, um am letzten sinn- und zeitlos im letzten
ersterbenden Abendrot ragenden Felsen zu zerschellen, daß selbst dann
noch ein Ton zu hören sein wird: der seiner unermüdlichen Stimme, die
immer noch spricht. Ich weigere mich, das hinzunehmen. Ich glaube, der
Mensch wird nicht nur überleben, er wird siegen. Er ist unsterblich, nicht
weil er allein unter den Geschöpfen eine unermüdliche Stimme hat, sondern weil er eine Seele, einen Geist hat, fähig zu Mitleid und Opfer und
Ausdauer. Es ist Aufgabe des Dichters, des Schriftstellers, über diese Dinge
zu schreiben. Es ist sein Privileg, dem Menschen beim Ausharren zu helfen, indem er ihm das Herz erhebt, ihn erinnert an Mut und Ehre und
Hoffnung und Stolz und Erbarmen und Mitleid und Opfer – an den Ruhm
seiner Vergangenheit. Die Stimme des Dichters ist nicht nur ein Zeugnis
vom Menschen, sie kann auch eine der Stützen und Pfeiler sein, die ihm
helfen auszuharren und zu siegen.*[231]

Faulkners Rede ist seither oft zitiert worden; ihre Bedeutung als Selbst-
zeugnis des Erzählers richtig abzuschätzen ist jedoch nicht leicht. Der
Hinweis auf eine weltumfassende Furcht und die apokalyptische Vision
eines durch die Atombombe drohenden Endes der Menschheit werden
verständlich vor dem Hintergrund des Kalten Krieges, der in den damali-
gen Jahren einen seiner Höhepunkte erreichte. Wie aber ist Faulkners
Ruf nach den *Wahrheiten des menschlichen Herzens* zu erklären, über die
zu schreiben die Pflicht des Dichters sei? Der Autor von *Schall und Wahn*,
Licht im August oder *Absalom, Absalom!* dürfte seine Aufgaben kaum im
Sinne solcher Forderungen formuliert haben, und seine früheren Bücher
als *Stützen und Pfeiler* zu bezeichnen, die dem Menschen helfen *auszuharren und siegreich zu überstehen*, ginge an ihrem Kern vorbei. Der Schlüssel zum Verständnis der Rede liegt denn auch weniger in den großen Romanen der früheren Schaffensphasen als in den Werken, die noch folgen,
insbesondere in *Requiem für eine Nonne* und *Eine Legende*. Faulkner hat
in den Jahren vor der Verleihung des Nobelpreises intensiv an beiden
gearbeitet; wie sich zeigen wird, entspringt der in seiner Rede enthaltene
Aufruf einer Wende in seinem Denken, die, wohl schon in den vierziger
Jahren beginnend, erst in seinem Spätwerk ihren künstlerischen Aus-
druck findet.

Der Empfang Faulkners bei seiner Rückkehr nach Oxford war nicht
frei von Ironie. Geschäftsleute der Stadt hatten eine ganzseitige Anzeige
in der Lokalzeitung aufgegeben, in der es hieß: «Willkommen zu Hause,
Bill Faulkner. Um es [...] alle Welt wissen zu lassen: Oxford und wir alle
sind sehr stolz auf William Faulkner, einen von uns, den Autor, der den
Nobelpreis gewonnen hat.»[232] Internationaler Ruhm und Erfolg, so

William Faulkner und Bertrand Russell
bei der Nobelpreis-Verleihung in Stockholm

scheint es, machen auch den schwierigsten Künstler zum gern akzeptierten Mitbürger. Faulkner selbst war froh, endlich dem vielen *Hurra* zu entgehen. Noch vor wenigen Jahren hatte er in einem Augenblick des Zweifels gemeint, *daß der Mann, der sich in einem Loch in Mississippi verkrochen hat und versucht, seinem Begriff und seiner Vorstellung vom menschlichen Herzen mit Hilfe seiner [. . .] Einbildungskraft künstlerische Form zu verleihen*, heute *so wenig in die Welt paßt und im Weg ist wie ein Mann, der mitten in einer Bessemer-Schmiede versucht, ein ägyptisches Wasserrad zu bauen.*[233] Jetzt hatte ihm eben diese Welt öffentlich bestätigt, daß sie sein Werk nicht nur anerkannte, sondern der höchsten Auszeichnung für würdig befand, die sie einem Schriftsteller verleihen kann.

Das Spätwerk

Ich weiß jetzt, daß ich mich dem Ende nähere, dem Boden des Fasses,
schrieb Faulkner 1953. *Das Material ist noch gut, aber ich weiß, daß nicht*
mehr viel davon vorhanden ist, ständig kommt jetzt ein bißchen Plunder an
die Oberfläche, der ausgesiebt werden muß.[234] Zwei Jahre zuvor war *Re*
quiem für eine Nonne erschienen, die Arbeit an *Eine Legende* stand kurz
vor dem Abschluß. Doch der *Boden des Fasses* war keineswegs erreicht.
Nicht nur folgten drei weitere Romane – die beiden Bände *Die Stadt* und
Das Haus aus der *Snopes-Trilogie* sowie die heitere Idylle *Die Spitzbuben*
(*The Reivers*) –, sondern darüber hinaus ein Band mit Jagdgeschichten,
Der große Wald (*Big Woods*), und eine Reihe größerer Essays. Der Fleiß
Faulkners ließ auch im letzten Jahrzehnt seines Lebens nicht nach.

Wohl aber schrieb er mit geringerer Intensität als früher. Er schien dem
Zwang, den die schriftstellerische Arbeit zumal in den dreißiger Jahren
für ihn bedeutet hatte, entronnen zu sein und öffnete sich der Welt in
anderer Weise als zuvor. Früher hatte er die Abgeschiedenheit der kleinen Stadt Oxford gesucht, jetzt unternahm er ausgedehnte Reisen, kehrte zuweilen nur für kurze Besuche nach Hause zurück und erwog ernsthaft, seinen Wohnsitz ganz aus Oxford zu verlegen. Er wurde mitteilsamer: Bei weitem die meisten Äußerungen über das eigene Werk stammen
aus diesen Jahren. Der Drang, Rechenschaft abzulegen, prägt die Briefe,
die Interviews und ebenso die Essays des letzten Lebensabschnitts. Veränderungen zeigen sich auch im Werk. Es ist diskursiver als früher und
läßt dem moralischen Engagement des Autors breiten Raum. In seinem
Zentrum steht die Botschaft von der sittlichen Kraft des Menschen, von
der Faulkner so eindringlich in der Nobelpreisrede gesprochen hat.

Requiem für eine Nonne markiert den Wandel im Schaffen Faulkners
deutlich. Zwar reizte den Erzähler nach wie vor das künstlerische Wagnis,
und er erprobte abermals eine neue Darstellungsform, «einen Roman in
der Form eines dreiaktigen Dramas mit einem erzählenden Prolog vor
jedem Akt»[235], die Charaktere aber sind in erster Linie Träger und Vermittler bestimmter Anschauungen und bleiben weit hinter der Lebendigkeit früherer Figuren zurück. Das Buch zerfällt in verschiedene Teile. Die
langen Prologe erzählen die Geschichte der Städte Jefferson und Jackson
(der Hauptstadt des Staates Mississippi), das Drama setzt die Handlung

des 20 Jahre zuvor entstandenen Romans *Die Freistatt* fort. Dabei geht es erneut um die Aufklärung eines Verbrechens. Die Negerin Nancy Mannigoe ist wegen eines Kindesmords verurteilt worden, doch wie sich herausstellt, ist nicht sie die eigentlich Schuldige, sondern die Mutter des Kindes – Temple Drake aus *Die Freistatt*, die inzwischen geheiratet und eine Familie gegründet hat. Nancy hat das jüngste Kind Temples getötet, um diese zu zwingen, bei ihrer Familie zu bleiben, statt mit ihrem Liebhaber Mann und Kinder zu verlassen. Sie wußte, daß sie für ihre Tat sterben würde, sah aber keinen anderen Weg, die Familie, der sie diente, zu retten. Gedrängt von Gavin Stevens, dem seit *Griff in den Staub* in Faulkners Werk fast allgegenwärtigen Kämpfer für Recht und Menschlichkeit, bekennt Temple im Verlauf des Stückes ihre moralische Schuld. Sie kann Nancy zwar nicht vor dem Tode retten, sorgt durch ihr Geständnis jedoch dafür, daß Wahrhaftigkeit und Aufrichtigkeit siegen. Es ist dieselbe Temple, die am Ende des Romans *Die Freistatt* durch eine falsche Aussage einen Unschuldigen wissentlich in den Tod geschickt hat.

Schon 1941 äußerte Faulkner gegenüber einem Kritiker, daß er stets über Tugenden wie *Ehre, Wahrheit, Mitleid, Rücksichtnahme und die Fähigkeit, Schmerz und Ungerechtigkeit zu ertragen*, geschrieben und

Der von Faulkner «Office» genannte Raum, den er sich nach 1950 einrichtete.
Hier schrieb er seinen Roman «Eine Legende». An den Wänden nach Wochentagen
geordnete Notizen für den Roman «Eine Legende»

Menschen gestaltet habe, *die nicht für einen Lohn, sondern um der Tugend willen* ihr Leben in Sitte und Anstand führen.[236]

In *Requiem für eine Nonne* scheint die Frage nach der Sittlichkeit des Menschen alle anderen Themen verdrängt zu haben. Allerdings kommt die Wende nicht unvermittelt. Spätestens seit dem Beginn der Arbeit an dem Roman *Eine Legende* häufen sich die Zeugnisse, in denen Faulkner sein neues moralisches Engagement verkündet. Der Brief, in dem er seinem Verleger den Roman vorstellt, gibt Aufschluß über seine Haltung. Das ungewöhnlich emphatische Schreiben stammt aus dem Kriegsjahr 1944: *Es geht darum (in der Legende), daß Christus (eine Bewegung innerhalb der Menschheit, die dem Krieg für immer ein Ende machen will) mitten im (Ersten Welt)krieg wiederkam und wieder gekreuzigt wurde. Wir wiederholen es, wir sind wieder mitten im Krieg. Angenommen, Christus gibt uns noch eine Chance, vielleicht die letzte; werden wir ihn dann wieder kreuzigen?*

Das ist's in groben Umrissen, predigen will ich überhaupt nicht. Doch das ist das Argument: wir haben es 1918 getan; 1944 DARF ES NICHT nur nicht wiedergeschehen, es SOLL NICHT WIEDERGESCHEHEN, d. h. WOLLEN WIR ES WIEDERGESCHEHEN LASSEN?, jetzt, wo wir uns in einem Krieg befinden und wo uns vielleicht die dritte und allerletzte Chance geboten wird, ihn zu retten.[237] Andere Briefe lauten ähnlich; der im November 1953 endlich fertiggestellte Roman *Eine Legende* ist ganz von dem neuen Pathos geprägt.

Wer, dachte ich, könnte wohl jener Unbekannte Soldat des Ersten Weltkriegs *gewesen sein? Nehmen wir an, daß es abermals Christus wäre, der unter jenem schönen großen Grabmal liegt, vor dem die Ewige Lampe brennt. Natürlich wäre er dann abermals gekreuzigt worden – aus dieser Idee heraus*, sagte Faulkner vor Studenten, sei *Eine Legende* entstanden. *Ich hatte dabei den unausgesprochenen Gedanken, daß Christus zum zweiten Male erschienen und zum zweiten Male gekreuzigt worden wäre [...].*[238] Was hat den Erzähler bewogen, sich eines Projekts anzunehmen, auf das ihn seine bisherige schriftstellerische Laufbahn in keiner Weise vorbereitet hatte? Reizte ihn das Wagnis, die Größe der Aufgabe, die sich ihm stellte? Jedenfalls blieb er seiner Auffassung treu, daß ein Künstler nicht in den Grenzen seiner einmal erprobten Fähigkeiten verharren dürfe. Er schrieb zunächst Exposés des Stoffes, erweiterte sie zu Erzählungen, fügte Kapitel um Kapitel hinzu. Schließlich investierte er mehr Zeit und Energie in das Vorhaben als in irgendein anderes seiner Werke.

Eine Legende erzählt von einer Meuterei eines französischen Regiments im Ersten Weltkrieg, die einen kurzen Waffenstillstand auslöst. Nach vielen Umwegen, langen Einschüben und Digressionen erfährt der Leser, daß die Meuterei auf das Wirken eines Korporals und seiner zwölf Anhänger zurückgeht – an der allegorischen Bedeutung dieser Figuren

*Nach der Verleihung des Pulitzer-Preises stellen sich
Faulkner und seine Frau den Pressefotografen, 1955*

läßt Faulkner keinen Zweifel. Größter Widersacher (und zugleich der
leibliche Vater) des Korporals ist der Marschall, der Oberkommandieren-
de der alliierten Heere. Zwischen den beiden kommt es gegen Ende des
Romans zu einem entscheidenden Gespräch, zu dem Faulkner offenbar
die Legende vom Großinquisitor in Dostojevskijs «Die Brüder Karama-
sow» inspiriert hat: Wie dort geht es um den Konflikt von Freiheit und
Notwendigkeit, um die Autorität des Staates und seiner Führer gegen-

über der Verantwortung und der Entscheidungsfreiheit des einzelnen. Eine Lösung des Problems bietet Faulkner nicht an; der Korporal wird exekutiert, der Krieg fortgesetzt. Wohl aber bleibt das Wirken des Korporals und seiner Anhänger nicht folgenlos – in ihrer Auflehnung gegen die Maschinerie des Krieges haben sie Zeichen gesetzt, die von anderen verstanden und aufgenommen werden. Zwar sind es nur wenige, die ihre Botschaft weitertragen, aber sie beweisen, daß die Herrschaft des Marschalls nicht unangefochten fortbesteht.

Die zentrale Fabel in *Eine Legende* wird überwuchert von mehreren inhaltlich sehr verschiedenen Handlungssträngen, die nur mit Mühe auf ein gemeinsames Thema zu beziehen sind. Doch nicht in der Vielfalt der Motive, auch nicht in dem so prononciert vorgetragenen moral-philosophischen Anliegen ist die Schwierigkeit des Romans begründet. Das wesentliche Problem liegt vielmehr in der Darstellungstechnik. Offensichtlich hat es Faulkner nicht genügt, die Auswirkungen des Konflikts zwischen dem Korporal und dem Marschall am Geschick einzelner Personen zu illustrieren, sondern er wollte kollektive Erfahrungen wiedergeben und die Reaktionen großer Gruppen, Regimenter, ja ganzer Heeresteile darstellen – es ging ihm um allgemeine Vorgänge, nicht um das besondere Schicksal. Entsprechend hat er durchweg darauf verzichtet, die Charaktere des Romans zu individualisieren, sie bleiben fast alle namenlose, schemenhafte und größtenteils austauschbare Wesen. Weil aber die Handlung nicht von Individuen getragen wird, fällt es schwer, ihre Verbindlichkeit einzusehen. Am Ende hat man den Eindruck, daß der Autor sein Material nie richtig in den Griff bekommen hat, trotz der vielen Jahre, die er der Arbeit an dem Roman widmete. Er selbst scheint die Orientierung verloren zu haben, und dies nicht, weil er die vertraute Umgebung von *Yoknapatawpha County* mit einem ihm fremden Land vertauschte – noch 1951 besuchte er Verdun, um sich einen Eindruck vom Schauplatz seines Romans zu verschaffen –, sondern weil er in seiner Vorstellung das Geschehen und die Personen nie wirklich in einer konkreten, greifbaren Welt angesiedelt hat. Ein solcher Verzicht aber hängt zweifellos mit der Natur der Aufgabe zusammen, die er sich gestellt hatte. Auch wenn er bei ihrer Lösung gescheitert ist, wird man der Kühnheit seines Unterfangens Respekt zollen.

Eine Legende wurde im August 1954 veröffentlicht, mit einer Widmung an Faulkners Tochter Jill. Der Abschluß des Manuskripts im Jahr zuvor fiel mit dem Ende einer Liebesgeschichte zusammen, die den Erzähler, wie seine Briefe bezeugen, tief berührt hat. Joan Williams, eine einundzwanzigjährige Studentin, hatte ihn in Rowan Oak aufgesucht und um Rat und Hilfe bei ihren literarischen Arbeiten gebeten. Die Zuneigung des Autors dem jungen Mädchen gegenüber ging über das Lehrer-Schüler-Verhältnis sehr bald hinaus. Schon in der Antwort Faulkners auf den ersten Brief Joans ist der Weg, den die Beziehung der beiden später ge-

Joan Williams

nommen hat, vorgezeichnet: *Etwas Bezauberndes kam aus* dem Brief, *wie etwas, an das man sich aus seiner Jugendzeit erinnert: Geruch, Duft, eine Blume, nicht in einem Garten, sondern vielleicht in einem Wald zufällig entdeckt, ohne Vergangenheit und kein besonderer Duft, schon dem ersten Frost geweiht: bis 30 Jahre später ein übel zugerichteter, verbrauchter 50jähriger Kerl sie riecht oder sich an sie erinnert, und auf einmal ist er wieder 21 und tapfer und standhaft.*[239] Faulkner schlug Joan gemeinsame Projekte vor und ermutigte sie zum Schreiben. Man traf sich in Memphis, später in New York. Die endgültige Trennung nach vier Jahren war schmerzhaft, aber ohne Bitterkeit: *Es war mir ernst*, schrieb Faulkner; *daß ich die ganze Zeit über wußte, daß der Augenblick kommen würde, in dem ich mich quälen müßte, macht es nicht leichter.*[240]

Die Begegnung führte zu einer lebhaften und reichen Korrespondenz, der wir einige der schönsten Selbstzeugnisse des Erzählers verdanken. Es ist, als notiere Faulkner in seinen Briefen an das junge Mädchen noch einmal die Forderungen, die er an sich selbst gestellt hat. Er beschwört *die Kraft, die Leidenschaft, die beherrschte Glut*, die die schöpferische Arbeit auszeichnen müsse, und spricht der jungen Künstlerin Mut zu: *Du mußt Dich sorgen; das gehört dazu: das Leiden und das Arbeiten, vor allem das Arbeiten, das Bereitsein und Willigsein, alles dafür zu opfern – Glück, Frieden, Geld, selbst die Pflicht, falls Du Pech hast.*[241] Dann heißt es, wie

122

in der Erinnerung an den eigenen Schaffensprozeß: *Es muß etwas dasein, das Dir in den Eingeweiden brennt, bis es gesagt ist*, und: *Alles, was Du noch brauchst, ist darunter zu leiden und Dich abzurackern, niemals völlig befriedigt sein, selbst wenn Du weißt, es ist fast so gut, wie ein Mensch es nur machen kann; niemals sich noch länger damit aufhalten, wenn es fertig ist, denn Du hast keine Zeit, Du mußt es rasch, rasch noch einmal besser machen, mußt diesmal das Beste geben.*[242] Schließlich verlangt er: *Du mußt lernen, Erzählungen [...] aus Deinem Inneren heraus zu schreiben [...]. Du mußt Deine Wände niederreißen. Du mußt fähig sein zu allem, zu jedem, mußt sie gelten lassen [...], alle menschliche Qual und Leidenschaft.*[243] Deutlicher hat Faulkner sein schriftstellerisches Credo nirgends ausgesprochen.

Mit dem Drang, sich mitzuteilen, vielleicht auch mit dem Gefühl, daß ihm mit dem Nobelpreis eine besondere Verantwortung übertragen worden war, ist es zu erklären, daß Faulkner im letzten Jahrzehnt seines Lebens in steigendem Maße öffentliche Verpflichtungen übernahm. Im Dienst des amerikanischen Außenministeriums verbrachte er 1955 mehrere Wochen in Japan; auf der Rückreise besuchte er, immer noch in der Funktion eines «Botschafters der amerikanischen Kultur», die Philippi-

Faulkner bei einem Vortrag an der Universität von Virginia in Charlottesville

William Faulkner mit seinem deutschen Verleger Heinrich Maria Ledig-Rowohlt

nen, Italien, Frankreich, Deutschland und Island. Ähnliche Reisen führ-
ten ihn nach Südamerika und nach Griechenland. Auch in seinem Heimatland stellte er sich für Vorträge und Seminare zur Verfügung. An der
Universität von Virginia in Charlottesville (wohin seine Tochter nach ihrer Heirat übersiedelt war), übernahm er in den Jahren 1957 und 1958
Lehraufträge als «writer-in-residence», und noch 1961 sprach er vor Kadetten und Offizieren der Militärakademie West Point. Bereitwilliger als
früher gab er in Interviews Auskunft über seine Arbeitsweise und seine
Ziele als Schriftsteller und teilte in Reden, Essays und offenen Briefen
seine Ansichten auch über politische Tagesfragen mit. Allerdings nahm er
nicht alle Einladungen an. Als Präsident Kennedy ihn im April 1962 zusammen mit anderen Nobelpreisträgern und Künstlern zu einem Diner
ins Weiße Haus bat, lehnte er ab: *In meinem Alter bin ich zu alt, eine so
weite Reise zu machen, um mit Fremden zu essen.*[244] Damals wohnte er in
Charlottesville, knapp zwei Stunden Autofahrt von Washington entfernt.

Faulkner trat seinem Publikum durchweg mit großer Höflichkeit entgegen, gern leicht verschmitzt und nie aggressiv. Seine Vorliebe für eine
gewisse Förmlichkeit und sein Charme konnten seine Zuhörer entzük-

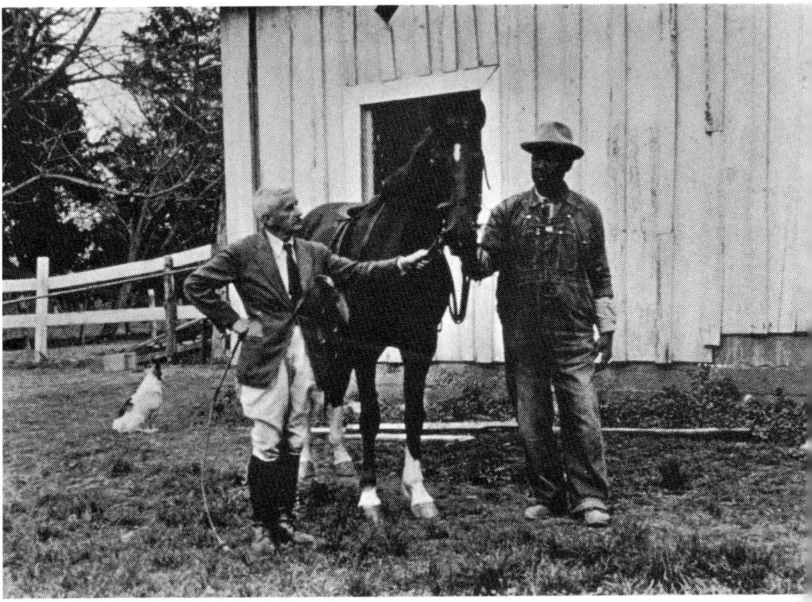

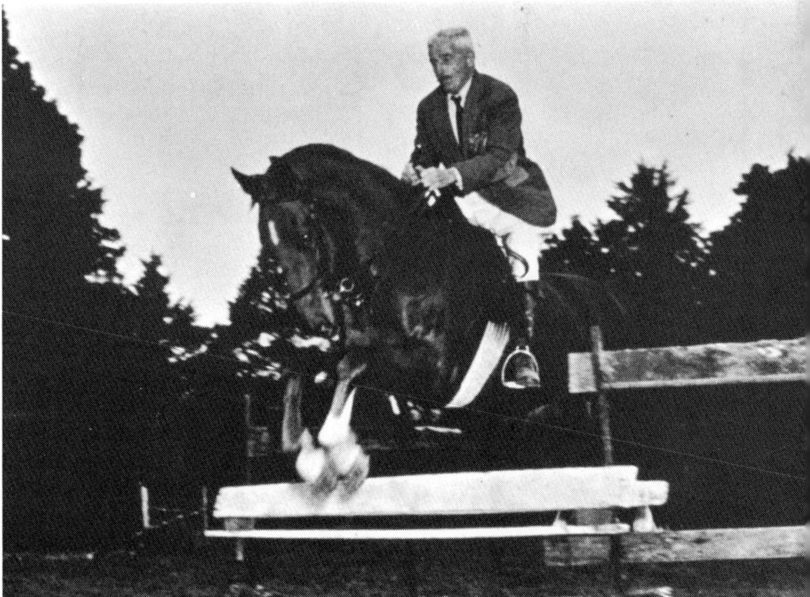

Im Reitdress, 1961

ken. Noch immer offenbarte er wenig von sich selbst. Er gab sich als der einfache Farmer, der Romane schrieb und im übrigen die Entwicklung der Welt mit Sorge verfolgte. Entsprechend fehlt seinen Äußerungen jeglicher intellektuelle Glanz; eher wirken sie weise, menschlich, um eine hoffnungsvolle Botschaft bemüht. Er pries Tugenden wie Tapferkeit und Loyalität, Wahrhaftigkeit, Toleranz, die Unabhängigkeit des einzelnen, den Wert der Überlieferung. An seiner aristokratisch-konservativen Gesinnung ließ er keinen Zweifel. Mit besonderem Nachdruck beharrte er auf dem Recht des Menschen, seine Privatsphäre vor einer zudringlichen Öffentlichkeit zu schützen.

Seine verstärkten öffentlichen Tätigkeiten hatten Veränderungen in seinen Lebensumständen zur Folge. Er verbrachte viel Zeit außerhalb seines Heimatstaates und kehrte oft erst nach Monaten der Abwesenheit nach Hause zurück. Bald nach der Trennung von Joan Williams lernte er die junge Amerikanerin Jean Stein kennen, zu der sich ein ähnliches Verhältnis entspann wie vorher zu Joan. In Charlottesville entdeckte er den Reiz der Fuchsjagd zu Pferde und ließ sich mit großer Freude in den exklusiven Farmington Hunt Club aufnehmen – noch immer posierte er gern. Seine Gesundheit war angegriffen. Frühere Reitunfälle machten sich schmerzhaft bemerkbar, die Alkoholsucht und die immer wieder notwendigen Entziehungskuren forderten ihren Tribut.

Faulkner in Rowan Oak

Doch das Werk war noch nicht abgeschlossen. Im Dezember 1955 begann Faulkner mit dem Manuskript des Romans *Die Stadt* – fünfzehn Jahre zuvor hatte er seinem Verleger das Buch unter dem Titel *Rus in Urbe* angekündigt. Der Roman erschien im Mai 1957. Noch im selben Jahr nahm der Autor die Arbeit am dritten Band der *Snopes-Trilogie* auf, und im März 1959 war die Geschichte der Snopes schließlich beendet. Ihre Anfänge gehen auf das Jahr 1919 zurück: der Stoff hatte Faulkner fast vier Jahrzehnte lang begleitet.

Die Stadt und *Das Haus* setzen die in *Das Dorf* begonnene Saga über den Aufstieg der Snopes zu Reichtum und bürgerlichem Ansehen fort. Flem Snopes, kalt, einem Reptil gleich und so skrupellos wie der Verbrecher Popeye in *Die Freistatt*, wird Präsident der Bank in Jefferson und Besitzer eines der größten und wertvollsten Herrenhäuser der Stadt; er hat sich gegen die Sartoris' und de Spains durchgesetzt. Die Geschichte der Snopes und ihrer Verbreitung in Jefferson – *sie kamen wie Ameisen oder wie der Schimmel auf dem Käse in eine bislang friedliche Stadt*[245] – bildet jedoch nur einen Handlungsstrang in den beiden Romanen. Nach wie vor beschäftigt Faulkner die Figur des Rechtsanwalts Gavin Stevens, die hier als ein später Nachfolger Horace Benbows und Quentin Compsons erscheint: Wie diese vertritt Gavin den Gedanken einer romantisch überhöhten, reinen Liebe. Die aus der Ferne angebetete Frau will von solcher Art der Verehrung allerdings wenig wissen. In einer der vielen komischen Szenen des Romans bietet sie sich ihm an, mit der lapidaren Begründung: *«Ich mag unglückliche Menschen nicht, sie sind so lästig».*[246] Für ein Gegengewicht gegen Stevens – und gegen die Sippe der Snopes – sorgt weiterhin, wie vorher schon in *Das Dorf*, der Nähmaschinenvertreter V. K. Ratliff. Eine der liebenswürdigsten Gestalten Faulkners, humorvoll, klug und vernünftig, ist Ratliff ein Repräsentant aller positiven Eigenschaften der Menschen, die in der kleinen Stadt Jefferson leben. Er ist ein Mann, der aus *einem Instinkt heraus tugendhaft handelt*, sagte Faulkner von ihm[247] und legte ihm mit Vorliebe *die Wahrheiten des Herzens* in den Mund, die er in seinem Spätwerk gern verkündete. Am Ende der Trilogie siegt die Gerechtigkeit; zugleich behaupten sich die Konvention und der Ordnungssinn der Kleinstadt. Flem Snopes wird von einem seiner Verwandten umgebracht, Gavin Stevens aber, der Romantiker, heiratet seine inzwischen verwitwete Jugendliebe.

Noch während der Arbeit am letzten Band der Trilogie begann Faulkner ein Nachlassen seiner Kräfte zu spüren. *Und dann ist mein Talent vielleicht ausgebrannt*, schrieb er einer Freundin, *und ich kann den Stift zerbrechen und das Papier und alles übrige wegwerfen und mich ausruhen, denn ich bin sehr müde ...*[248] Aber die Krise hielt nicht an. Zwar meinte er, mit *Das Haus* [habe ich] *die letzte meiner geplanten Anstrengungen beendet und muß, mit 62, den Augenblick vorhersehen, wo ich die letzte Minuskel vom Boden des F[aulkner]-Fasses kratzen werde*, doch abermals

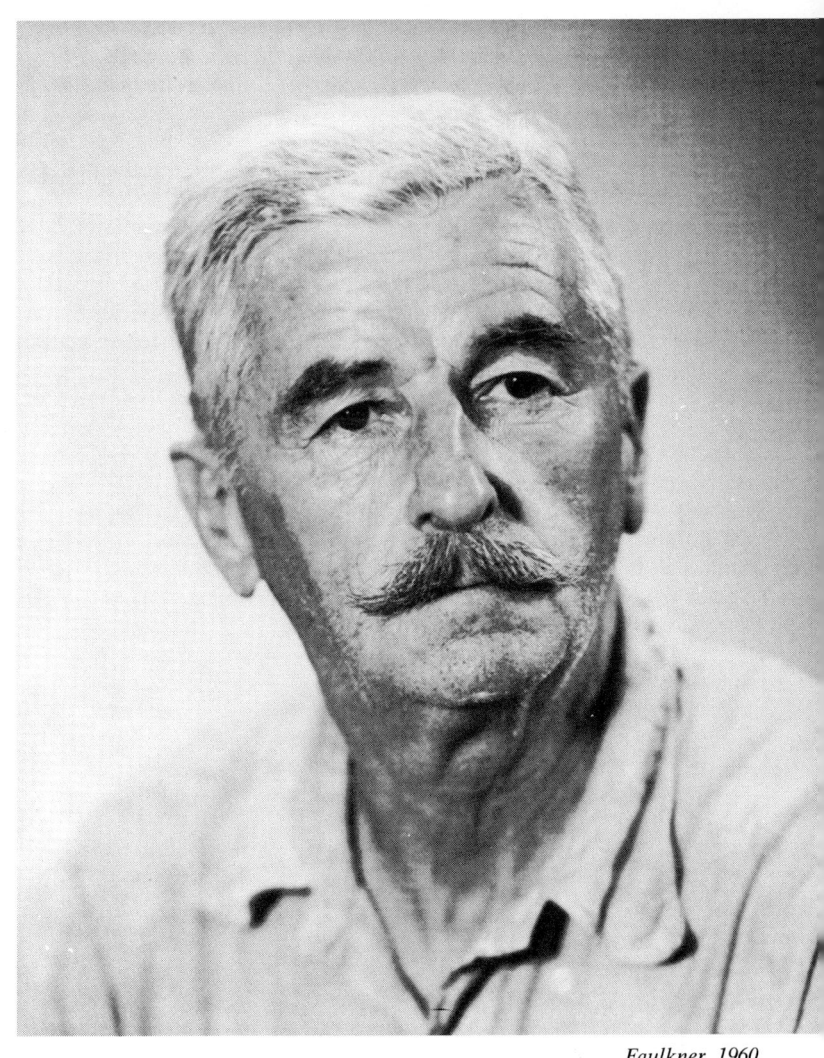

Faulkner, 1960

ergriff ihn *plötzlich das Feuer.*[249] Im Sommer des Jahres 1961 schrieb er in wenigen Wochen das Manuskript seines letzten Romans nieder. Er gab ihm den Titel *Die Spitzbuben* (*The Reivers*), der Untertitel lautet *Eine Erinnerung* (*A Reminiscence*).

Großvater erzählte, hebt der Roman an und berichtet sodann von einer denkwürdigen Reise, die einen elfjährigen Jungen aus Jefferson in ein

Bordell in Memphis führt. Am Ende steht der Satz: *Ein Gentleman nimmt die Verantwortung für seine Taten auf sich und trägt die Bürden ihrer Folgen, sogar wenn er sie nicht selbst verschuldet hat, sondern nur eingewilligt hat, nicht nein gesagt hat, obwohl er wußte, daß er's hätte tun sollen.*[250] In dem heiteren, bisweilen nostalgischen Rückblick auf die Tage seiner Kindheit läßt Faulkner das Bild einer Welt entstehen, in der einem ein Pferd lieber war als ein Automobil, die *madam* eines Bordells ein ebenso gutes Herz hatte wie die Mädchen, die bei ihr arbeiteten, und Großväter dafür sorgten, daß auch eine schier ausweglose Situation ein gutes Ende nahm. Viele der Themen, die der Erzähler früher mit großem Ernst behandelt hat, werden jetzt noch einmal mit leichter Hand berührt – das Verhältnis von Weißen und Schwarzen, die Begegnung eines unschuldigen jungen Menschen mit Lüge und Korruption, die Verantwortung des einzelnen nicht nur für seine eigenen, sondern auch für die Taten anderer. Die grotesken Episoden im Bordell sind nicht minder vergnüglich als die Szenen, in denen Faulkner ländliche Pferderennen schildert: Er läßt seiner Neigung für die komische Übertreibung freien Lauf.

Wie so oft hatte die Idee für den Roman lange in seiner Phantasie geschlummert. Der Griff in *das Faß* seiner Einbildungskraft förderte sie nun, nach mehr als 20 Jahren, zutage: *Ich glaube, ich habe einen guten Roman im Kopf; ich will ihn auf jeden Fall bald anfangen. Es ist eine Art*

Faulkners Grab
auf dem Friedhof von Oxford

Huck Finn – [...] ein Junge *macht im kleinen Maßstab all die Erfahrungen der Jugend durch, die den Charakter des Mannes formen.*[251] So steht es in einem Brief aus dem Jahre 1940. Nach welchen Regeln, welcher Eingebung folgend, Faulkner seine Stoffe aus seinem Gedächtnis abrief, wissen wir nicht. Aber daß sein Werk mit einem beinahe beschwingten Buch, einer fröhlichen Erinnerung an eine goldene Kindheit in *Yoknapatawpha County* abschließt – wer wollte das für einen Zufall halten?

Als *Die Spitzbuben* im Juni 1962 erschien, war Faulkner in Oxford. Vor mehr als drei Jahrzehnten hatte er die Vision eines jungen Dichters beschrieben, dessen Phantasie *unbeirrt davongaloppiert, auf einem Pony ohne Ziel, einen Silberhügel von Cumuluswolken hinauf, wo die Hufe kein Echo und keinen Abdruck hinterlassen, dem blauen, nie erreichten Abgrund entgegen.* Der Dichter träumte davon, *etwas zu vollbringen,* [...] *etwas Kühnes, Tragisches, Strenges.*[252] Für Faulkner war der Traum in Erfüllung gegangen. Fast triumphierend konnte er in einem Rückblick auf sein Werk sagen: *Ich stelle mir die Welt, die ich geschaffen habe, gern als eine Art Schlußstein im Universum vor; als einen Schlußstein, den man – mag er auch noch so klein sein – nicht entfernen kann, ohne daß das Universum einstürzt. Mein letztes Buch wird das Grund- und Hauptbuch, das Goldene Buch von Yoknapatawpha County sein. Dann zerbreche ich den Stift und muß aufhören.*[253] Mitte Juni wurde er bei einem morgendlichen Ausritt von seinem scheuenden Pferd abgeworfen. Weil er über heftige Schmerzen klagte und zu trinken begonnen hatte, brachten seine Frau und sein Neffe ihn am 5. Juli in eine nahe gelegene Klinik. Dort starb Faulkner in den Morgenstunden des 6. Juli 1962 an einem Herzanfall. Seine Grabstätte liegt auf dem Friedhof von Oxford, nicht weit von der seiner Eltern entfernt.

William Faulkner

Anmerkungen

Die Texte Faulkners sind nach den jeweils am leichtesten zugänglichen Ausgaben zitiert worden. Um Platz zu sparen, wurden für die Titel Kurzformen verwendet; vollständige Angaben enthält die Bibliographie. Solche Stellen, an denen die vorliegenden deutschen Übersetzungen durch den Verf. ergänzt bzw. modifiziert wurden, sind durch einen Hinweis auf die amerikanische Ausgabe [e] gekennzeichnet.

FiG = Faulkner im Gespräch
FoM = The Falkners of Mississippi
Lion = Lion in the Garden
ÜF = Über William Faulkner

1 Briefe, 223
2 Ebd., 249
3 Ebd., 213; e 276
4 Essays, 66
5 Briefe, 59; e 48
6 Vgl. Blotner, 531
7 Essays, 62
8 Briefe, 183f; e 212f
9 Sartoris, 345
10 Absalom [e], 384–85
11 Sartoris, 157f
12 Zit. Blotner, 129
13 FoM, 12
14 Zit. Blotner, 111
15 Briefe, 185; e 212
16 Zit. Blotner, 122
17 Lion, 7
18 Briefe, 185f; e 212
19 Marionettes, 1
20 Early Prose, 114f
21 Webb, 58
22 Zit. Blotner, 363
23 Marble Faun, 51
24 Ebd., 7
25 Early Prose, 114f
26 Essays, 10
27 Ebd., 7, 8

28 FiG, 38; e 22
29 Soldatenlohn, 187
30 Moskitos, 62
31 Ebd., 9
32 Briefe, 35
33 Ebd., 36
34 Ebd., 31; e 17
35 New Orleans, 103; e 101f
36 Moskitos, 138
37 Ebd., 35; e 39f
38 Ebd., 251; vgl. Straumann, 57; e 280f
39 FiG, 38; e 22
40 Erzählungen V, 141
41 Essays, 8
42 Lion, 255; vgl. ÜF, 176f
43 Sartoris, 60
44 Ebd., 172; e 154
45 Ebd., 324; e 282
46 Ebd., 317
47 Ebd., 257f
48 Zit. Blotner, 531
49 FiG, 295; e 285
50 Lion, 180
51 Ebd., 239, 238; vgl. ÜF, 157, 156
52 Ebd., 81, 122, 58
53 ÜF, 116

54 Briefe, 56; e 41
55 Zit. Blotner, 578
56 Zit. Gresset, XLII
57 Lion, 146 f
58 Ebd., 245; vgl. ÜF, 164
59 Ebd., 244; vgl. ÜF, 164
60 Zit. Blotner, 578; FiG, 83; e 61
61 Zit. Blotner, 811
62 ÜF, 114
63 Schall und Wahn, 119
64 Ebd., 19
65 Vgl. Lion, 49
66 FoM, 124
67 Cantwell, 309
68 Blotner, 940
69 Sanctuary, VII
70 Zit. Blotner, 634
71 Lion, 244; vgl. ÜF, 163
72 Als ich im Sterben lag, 26 f
73 Vgl. Blotner, 635
74 Als ich im Sterben lag, 117
75 Sanctuary, V f
76 Zit. Blotner, 613
77 ÜF, 133
78 Lion, 169
79 Freistatt, 9; e 2
80 Briefe, 65; e 63 f
81 Ebd., 60
82 Zit. Blotner, 714
83 Briefe, 63
84 Franklin, 118
85 Coughlan, Life, 5. Okt. 1953, S. 66
86 Franklin, 35
87 FiG, 228; e 199
88 Zit. Blotner, 703
89 Licht im August, 7
90 Ebd., 164, 162
91 Ebd., 293, 85
92 FiG, 146; e 118
93 Licht im August, 123
94 Ebd., 138
95 Ebd., 188 f
96 FiG, 64; e 45
97 Licht im August, 265
98 Briefe, 269
99 Zit. Blotner, 772
100 Zit. Blotner, ebd.
101 Briefe, 247
102 Letters, 198

103 Briefe, 142, 82, 148
104 Ebd., 150
105 Zit. Blotner, 960
106 Lion, 241
107 Zit. Blotner, 780
108 Briefe, 66; Lion, 241
109 Dardis, 133
110 Zit. Blotner, 930
111 Zit. ebd., 1129
112 Zit. ebd., 1157
113 Zit. ebd., 1127
114 Letters, 72
115 Briefe, 158
116 Ebd., 155
117 Letters, 90
118 Briefe, 170 f
119 Ebd., 178 f
120 Zit. Blotner, 787
121 Zit. ebd., 927
122 Briefe, 130
123 Ebd., 176
124 Ebd., 180
125 FiG, 128
126 Zit. Blotner, 1189
127 Briefe, 88
128 Lion, 220
129 FiG, 104; e 78
130 Lion, 225; vgl. ÜF, 177
131 FoM, 200 f
132 Letters, 65
133 Briefe, 69; e 71
134 Ebd., 136
135 Zit. Blotner, 1204
136 Lion, 139
137 Wendemarke, 136 f
138 Ebd., 183; e 168
139 Ebd., 95
140 Letters, 78 f
141 Ebd., 83 f
142 FiG, 95
143 Absalom, 8; e 10
144 Ebd., 9; e 11
145 Ebd., 215, 212 f
146 Ebd., 19
147 Ebd., 346
148 Ebd., 165; e 174
149 Ebd., 205; e 217
150 Ebd., 351
151 Essays, 36

152 Lion, 101
153 Briefe, 153f; e 185
154 FiG, 285
155 Requiem, 106
156 Lion, 255; vgl. ÜF, 177
157 Absalom, 252; e 215
158 Zit. Blotner, 975, 976
159 Letters, 97f
160 FiG, 17
161 Lion, 59, 64, 169, 191–92, 216, 234, 280, 283
162 Briefe, 250f
163 Oxford Eagle, 22. 4. 1965, S. 8
164 FiG, 199; e 171
165 Briefe, 90f; e 107f
166 Das Dorf, 113
167 Brooks, Yoknapatawpha County, 167f
168 Das Dorf, 252
169 Ebd., 349
170 Letters, 113
171 Briefe, 105f; e 122f
172 «A Life on Paper» (Film)
173 Letters, 139
174 Go Down, Moses, 7
175 Ebd., 281
176 Ebd., 283
177 Lion, 225
178 Millgate, 210
179 Briefe, 265; e 345
180 Erzählungen I, 15
181 Ebd., 28
182 Ebd., 7
183 Ebd., 32
184 Ebd., 8f
185 Ebd., 15
186 Ebd.
187 Ebd., 7
188 Ebd., 21, 22, 20
189 Ebd., 16, 19
190 Ebd., 17f
191 Ebd., 9
192 Ebd., 31f
193 Ebd., 10, 21, 10
194 Ebd., 21, 27
195 Ebd., 30; vgl. e 23
196 Ebd., 17; vgl. e 11
197 Ebd., 18, 30f; vgl. e 23
198 Ebd., 13f; vgl. e 8

199 Ebd., 11, 16, 23
200 Ebd., 31
201 Blöcker, 116
202 Briefe, 237
203 Ebd., 153f
204 Ebd., 115; e 142
205 Ebd., 158f; e 188
206 Ebd., 155
207 Letters, 217f
208 Briefe, 171; e 199
209 Ebd., 127f
210 Ebd., 140
211 Ebd., 147
212 Ebd., 168
213 Ebd., 201f; e 233
214 Portable Faulkner, XIII, XV
215 Faulkner-Cowley File, 175
216 Briefe, 158
217 Zit. Blotner, 1323
218 Briefe, 233
219 Ebd., 205f, 208
220 Letters, 262
221 Griff in den Staub, 184f
222 Ebd., 138f; e 152
223 Faulkner in the University, 209
224 FoM, 199
225 Essays, 91
226 Briefe, 225; e 292
227 Ebd., 231
228 Ebd., 240f; e 309
229 Zit. Blotner, 1371
230 Zit. Blotner, 1362, 1368
231 ÜF, 103f
232 Zit. Blotner, 1371
233 Letters, 261
234 Briefe, 268f
235 Meriwether, 36
236 Briefe, 114; e 142
237 Ebd., 145; e 180
238 FiG, 45; e 27
239 Zit. Blotner, 1293
240 Zit. ebd., 1477
241 Briefe, 228
242 Ebd., 246, 254
243 Ebd., 261
244 Zit. Blotner, 1821
245 FiG, 221
246 Die Stadt, 101
247 FiG, 166; e 140

248 Briefe, 298
249 Letters, 433, 455
250 Spitzbuben, 369
251 Briefe, 107f

252 Erzählungen V, 141, 146; e 895, 897
253 Lion, 255; vgl. ÜF, 177

Zeittafel

1897   25. September: William Cuthbert Falkner wird in New Albany, Mississippi, geboren

1902   Umzug der Familie nach Oxford, Mississippi

1914   Beginn der Freundschaft mit Phil Stone

1915   Abbruch des Schulbesuchs

1917   Zeichnungen im Jahrbuch der Universität von Mississippi

1918   Juli–Dezember: Kadett der Royal Air Force (Kanada)

1919   Gedichte in «The Mississippian», «The New Republic». Student an der Universität von Mississippi

1920   *The Marionettes* (handschriftlich)

1921   Herbst: Angestellter in einer Buchhandlung in New York. Nach der Rückkehr nach Oxford Leiter des Postamts der Universität von Mississippi (bis 1924)

1924   *The Marble Faun* («Der Marmorfaun»)

1925   New Orleans. Freundschaft mit Sherwood Anderson. Juli–Dezember: Reise nach Italien, in die Schweiz, nach Frankreich und England

1926   *Soldiers' Pay* (*Soldatenlohn*); *Sherwood Anderson & Other Famous Creoles* (mit William Spratling)

1927   *Mosquitoes* (*Moskitos*)

1928   Dreimonatiger Aufenthalt in New York

1929   *Sartoris; The Sound and the Fury* (*Schall und Wahn*). 20. Juni: Heirat mit Estelle Oldham Franklin

1930   *As I Lay Dying* (*Als ich im Sterben lag*); Kurzgeschichten. Kauf und Renovierung von Rowan Oak

1931   *Sanctuary* (*Die Freistatt*); *These 13*. Besuch einer Schriftstellerkonferenz in Charlottesville; Aufenthalt in New York

1932   *Light in August* (*Licht im August*). Erster Aufenthalt als Drehbuchautor in Hollywood. 7. August: Tod des Vaters

1933   *A Green Bough* (*Ein grüner Zweig*). Flugunterricht. 24. Juni: Geburt der Tochter Jill

1934   *Doctor Martino and Other Stories*. Erneuter Aufenthalt in Hollywood

1935   *Pylon* (*Die Wendemarke*). Flugzeugabsturz des Bruders Dean. Dezember 1935–August 1937: Hollywood (mit Unterbrechungen)

1936   *Absalom, Absalom!*

1938   *The Unvanquished* (*Die Unbesiegten*). Kauf einer Farm

1939   *The Wild Palms* (*Wilde Palmen* und *Der Strom*). Mitglied des National Institute of Arts and Letters

1940 *The Hamlet (Das Dorf)*. Tod von Mammy Caroline (Callie) Barr

1942 *Go Down, Moses (Das verworfene Erbe)*. Juli–Dezember: Hollywood

1943 Januar–August: Hollywood

1944 Februar–Dezember: Hollywood

1945 Juni–September: Hollywood

1946 «The Portable Faulkner», herausgegeben von Malcolm Cowley

1948 *Intruder in the Dust (Griff in den Staub)*. Mitglied der American Academy of Arts and Letters

1949 *Knight's Gambit (Der Springer greift an)*. Verfilmung von *Griff in den Staub* in Oxford

1950 *Collected Stories (Erzählungen)*. Howells Medal for Fiction der American Academy of Arts and Letters. Auszeichnung mit dem Nobelpreis für Literatur für das Jahr 1949. Reise nach Stockholm in Begleitung der Tochter Jill

1951 *Requiem for a Nun (Requiem für eine Nonne)*. Februar/März: Hollywood. Kurze Reise nach Frankreich und England; Aufenthalt in Cambridge, Massachusetts

1952 Reise nach England, Frankreich, Norwegen. Längere Aufenthalte in Princeton und New York

1953 Aufenthalte in New York und Princeton; November: Abreise nach Paris zu Filmarbeiten

1954 *A Fable (Eine Legende)*. Aufenthalte in England, Frankreich, der Schweiz. Januar–Februar: Rom; Februar–März: Filmarbeiten in Kairo. August: Reise nach Lima und São Paulo. 21. August: Hochzeit der Tochter Jill

1955 *Big Woods (Der große Wald)*. Juli–August: Vorträge und Seminare in Japan. Rückreise über die Philippinen, Italien, Deutschland, Frankreich, Island

1956 Aufenthalte in Oxford, New York, Charlottesville

1957 *The Town (Die Stadt)*. Lehrauftrag als «writer-in-residence» an der Universität von Virginia in Charlottesville. Reise nach Griechenland

1958 Erneuter Lehrauftrag als «writer-in-residence» in Charlottesville

1959 *The Mansion (Das Haus)*. Kauf eines Hauses in Charlottesville

1960 16. Oktober: Tod der Mutter

1961 Reise nach Venezuela

1962 *The Reivers (Die Spitzbuben)*. Lesung und Seminare an der Militärakademie West Point. 17. Juni: Sturz vom Pferd. 6. Juli: Tod Faulkners in Oxford

Zeugnisse

Faulkners *Licht im August* war mein letzter stärkster Eindruck vor dem Krieg.

Gottfried Benn 1946

Bei Faulkner gibt es niemals ein Fortschreiten, nichts, was aus der Zukunft kommt. Die Gegenwart ist zunächst nicht eine künftige Möglichkeit gewesen [...]. Nein: gegenwärtig sein, heißt ohne Ursache plötzlich dasein und wieder versinken. Dieses Versinken ist nichts Abstraktes: Faulkner entdeckt es in den Dingen selbst und versucht, es uns fühlbar zu machen.

Jean-Paul Sartre 1947

Die puritanische Idee vom sündigen Menschen, mit dem verdrängten Bewußtsein einer elenden Hilflosigkeit, ja der menschlichen Angst, verworfen zu sein vor Gott selber, hat sich bei diesem Nachfahren Hawthornes und Melvilles zum Bewußtsein des Unsicheren aller Existenz sublimiert [...].

Curt Hohoff 1949

Meiner Meinung nach ist er euer größter Schriftsteller, der einzige, wie mir scheint, der sich in eure große literarische Tradition des 19. Jahrhunderts fügt, eine der wenigen großen schöpferischen Begabungen des Westens [...].

Albert Camus 1951

Er bezwingt durch Kraft, durch Potenz, durch das wilde Ungestüm seiner Visionen. In diesem Sinne ist er das eigentlich männliche Talent der modernen Literatur. [...] Der mythische Raum muß für ihn nicht, wie bei Eliot, Broch oder Thomas Mann, erst durch Bildungsanstrengungen erschlossen werden – Faulkner ist in ihm zu Hause.

Günter Blöcker 1957

Faulkners Genie ist für mich gleichbedeutend mit seinem Gedächtnis, oder doch mit seinen erinnernden Fähigkeiten, die ihn zum Gedächtnis des Südens werden ließen. [...] Diesem unbarmherzigen Gedächtnis scheint nichts zu entfallen: kein einziger Name, kein entlegenes Ereignis, keine Auflehnung, keine Gewalttat, kein Schuß, kein Scheitern und kein Irrtum: alles, was sich «begeben» hat, bleibt bestehen [...]: seine Erinnerung war unerschöpflich. In seiner Erinnerung war alles gegenwärtig.

Siegfried Lenz 1963

Ich glaube, daß er, je weiter seine Persönlichkeit aus dem Blickfeld rückt, als einer der letzten großen Meister jener Kunst des Erzählens anerkannt werden wird, die Ford Madox Ford als den «impressionistischen Roman» bezeichnet hat. Von Stendhal führt eine direkte Linie über Flaubert und Joyce zu Faulkner [...]. Faulkners großes Thema, wie das Flauberts und Prousts, ist das passive Leiden, in dem das Opfer entweder von der Gesellschaft oder von dunklen Kräften in ihm selbst zerstört wird.

Allen Tate 1963

Die Methode Faulkners ist eigentlich die: uns abzubringen von den Namen, um uns umweglos, erklärungslos in die Wirklichkeit zu stoßen.

Ingeborg Bachmann 1969

Bibliographie

Die folgende Zusammenstellung beschränkt sich auf Bücher und Sammelbände; Zeitschriftenaufsätze werden nur in Ausnahmefällen genannt. Weiterführende Angaben enthalten die laufenden Bibliographien in: Publications of the Modern Language Association; American Literary Scholarship: An Annual; Mississippi Quarterly: The Journal of Southern Culture.

1. Bibliographien, Forschungsberichte, Hilfsmittel

Bassett, John E.: William Faulkner: An Annotated Checklist of Criticism. New York 1972
– (Hg.): William Faulkner: The Critical Heritage. London/Boston 1975
–: Faulkner: An Annotated Checklist of Recent Criticism. Kent, Ohio 1983
–: Faulkner in the Eighties: An Annotated Critical Bibliography. Metuchen, N.J. 1991
Blotner, Joseph L.: William Faulkner's Library: A Catalogue. Charlottesville, Va. 1964
– McHaney, Thomas L., Millgate, Michael und Polk, Noel (Hg.): William Faulkner Manuscripts. New York 1986–88, 44 Bände
Brodsky, Louis Daniel und Hamblin, Robert W. (Hg.): Selections from the William Faulkner Collection of Louis Daniel Brodsky: A Descriptive Catalogue. Charlottesville, Va. 1979
– (Hg.): Faulkner: A Comprehensive Guide to the Brodsky Collection, vol. I: The Biobibliography. Jackson, Miss. 1982
– (Hg.): Faulkner: A Comprehensive Guide to the Brodsky Collection, vol. V: Manuscripts and Documents. Jackson, Miss. 1988
Claridge, Henry (Hg.): William Faulkner: Critical Assessments. Mountfield 1999, 4 Bände
Cohen, Philip G., Krause, David und Zender, Karl F.: «William Faulkner». In: Sixteen Modern American Authors, vol. 2: A Survey of Research and Criticism since 1972. Hg. Jackson R. Bryer. Durham, N.C. 1990, S. 210–300
Cox, Leland H. (Hg.): William Faulkner: Biographical and Reference Guide. Detroit 1982 (Gale Author Handbook, Bd. 1)
– (Hg.): William Faulkner: Critical Collection. Detroit 1982 (Gale Author Handbook, Bd. 2)

Crane, Joan St. C. und Freudenberg, Anne E. H. (Hg.): Man Collecting: Manuscripts and Printed Works of William Faulkner in the University of Virginia Library. Charlottesville, Va. 1975

Emerson, O. B.: Faulkner's Early Literary Reputation in America. Ann Arbor,
Mich. 1984

Fargnoli, A. Nicholas und Golay, Michael (Hg.): William Faulkner A to Z: The Essential Reference to his Life and Work. New York 2002

Hamblin, Robert W. und Peek, Charles A. (Hg.): A William Faulkner Encyclope-
dia. Westport, Conn. 1999

Hayashi, Tetsumaro: William Faulkner: Research Opportunities and Dissertation
Abstracts. Jefferson, N. C. 1982

Inge, M. Thomas (Hg.): William Faulkner: The Contemporary Reviews. Cambridge 1995

Massey, Linton R. (Hg.): William Faulkner: Man Working, 1919–1962. A Catalogue of the William Faulkner Collections at the University of Virginia. Charlottesville, Va. 1968

McHaney, Thomas L.: William Faulkner: A Reference Guide. Boston 1976

–: «William Faulkner». In: Bibliography of American Fiction, 1919–1988. Hg.
Matthew J. Bruccoli und Richard Layman. New York 1991, Band 1, S. 173–185

–: «William Faulkner». In: Essential Bibliography of American Fiction: Modern
Classic Writers. Hg. Matthew Bruccoli und Judith S. Baughman. New York 1994,
S. 1–20

Meriwether, James B.: The Literary Career of William Faulkner: A Bibliographical Study. Princeton, N. J. 1961 [Neuausgabe Columbia, S. C. 1971]

–: «William Faulkner». In: Sixteen Modern American Authors: A Survey of Research and Criticism. Hg. Jackson R. Bryen. New York 1963 [²1973], S. 223–274

–: The Short Fiction of William Faulkner: A Bibliography. In: Proof 1 (1971),
S. 293–329

Petersen, Carl: Each in Its Ordered Place: A Faulkner Collector's Notebook. Ann
Arbor, Mich. 1975

–: On the Track of the Dixie Limited: Further Notes of a Faulkner Collector. La
Grange, Ill. 1979

Polk, Noel: An Editorial Handbook for William Faulkner's «The Sound and the
Fury». New York 1985

Ricks, Beatrice: William Faulkner: A Bibliography of Secondary Works. Metuchen, N. J. 1981

Sensibar, Judith L.: Faulkner's Poetry: A Bibliographical Guide to Texts and Criticism. Ann Arbor, Mich. 1988

Sleeth, Irene Lynn: William Faulkner: A Bibliography of Criticism. Denver, Col.
1962

Sweeney, Patricia E.: William Faulkner's Women: An Annotated Bibliography of
Criticism, 1930–1963. Santa Barbara, Cal. 1985

2. Werke

The Marble Faun. Boston 1924

Soldiers' Pay. New York 1926. Dt. Soldatenlohn. Übers. von Susanne Rademacher.
Hamburg 1958 [Neuausgabe Zürich 1988]

Mosquitoes. New York 1927. Dt. Moskitos. Übers. von Richard K. Flesch. Reinbek 1960 [Neuausgabe Zürich 1988]

Sartoris. New York 1929. Dt. Sartoris. Übers. von Hermann Stresau. Reinbek 1961 [Neuausgabe Reinbek 1985]

The Sound and the Fury. New York 1929. Dt. Schall und Wahn. Übers. von Helmut M. Braem und Elisabeth Kaiser. Zürich 1956 [rev. Fassung Zürich 1973; Neuausgabe Zürich 1990]

As I Lay Dying. New York 1930. Dt. Als ich im Sterben lag. Übers. von Albert Hess und Peter Schünemann. Zürich 1961 [Neuausgabe Zürich 1991]

Sanctuary. New York 1931. Dt. Die Freistatt. Übers. von Herberth E. Herlitschka. Zürich 1951 [neu übers. von Hans Wollschläger. Zürich 1973; Neuausgabe Zürich 1990]

These 13. New York 1931

Idyll in the Desert. New York 1931 [lim. Auflage von 300 Exemplaren]

Miss Zilphia Gant. Dallas 1932 [lim. Auflage von 300 Exemplaren]

Light in August. New York 1932. Dt. Licht im August. Übers. von Franz Fein. Berlin 1935 [Reinbek 1972]

A Green Bough. New York 1933. Dt. Ein grüner Zweig: Gedichte. Übers. von Hans Hennecke. Stuttgart 1957 [zweisprachige Auswahl]

Doctor Martino and Other Stories. New York 1934

Pylon. New York 1935. Dt. Wendemarke. Übers. von Georg Goyert. Berlin 1938 [neu durchgesehene und rev. Fassung Zürich 1978; Neuausgabe Zürich 1990]

Absalom, Absalom! New York 1936. Dt. Absalom, Absalom! Übers. von Hermann Stresau. Berlin 1938 [Neuausgabe Reinbek 1991]

The Unvanquished. New York 1938. Dt. Die Unbesiegten. Übers. von Erich Franzen. Zürich 1954 [Neuausgabe Zürich 1990]

The Wild Palms. New York 1939. Dt. Wilde Palmen und Der Strom. Übers. von Helmut M. Braem und Elisabeth Kaiser. Zürich 1957 [Neuausgabe Zürich 1982]; Wilde Palmen. Übers. von Hermann Stresau. Frankfurt a. M. 1970

The Hamlet. New York 1940. Dt. Das Dorf. Übers. von Helmut M. Braem und Elisabeth Kaiser. Zürich 1957 [Neuausgabe Zürich 1990]

Go Down, Moses and Other Stories. New York 1942. Dt. Das verworfene Erbe. Chronik einer Familie. Übers. von Hermann Stresau. Zürich 1953 [Neuausgabe unter dem Titel Go Down, Moses. Chronik einer Familie. Übers. von Hermann Stresau und Elisabeth Schnack. Zürich 1974; Neuausgabe Zürich 1990]

The Portable Faulkner. Hg. Malcolm Cowley. New York 1946 [rev. ed. 1967]

Intruder in the Dust. New York 1948. Dt. Griff in den Staub. Übers. von Harry Kahn. Zürich 1951 [Neuausgabe Zürich 1992]

Knight's Gambit. New York 1949. Dt. Der Springer greift an. Kriminalgeschichten. Übers. von Elisabeth Schnack. Zürich 1962 [Neuausgabe Zürich 1990]

Collected Stories of William Faulkner. New York 1950. Dt. Erzählungen. Übers. von Elisabeth Schnack. 3 Bände. Band I: Zürich 1965, Band II: Zürich 1966; Band III: Zürich 1967 [Neuausgabe Gesammelte Erzählungen in 5 Bänden. Zürich 1990 ff.]

Notes an a Horsethief. Greenville, Miss. 1950 [lim. Auflage]

Requiem for a Nun. New York 1951. Dt. Requiem für eine Nonne. Roman in Szenen. Übers. von Robert Schnorr. Zürich 1956 [Neuausgabe Zürich 1991]

A Fable. New York 1954. Dt. Eine Legende. Übers. von Kurt Heinrich Hansen. Zürich 1955 [Neuausgabe Zürich 1991]

Big Woods. New York 1955. Dt. Der große Wald. Vier Jagdgeschichten. Übers. von Hermann Stresau und Elisabeth Schnack. Zürich 1958

The Town. New York 1957. Dt. Die Stadt. Übers. von Elisabeth Schnack. Zürich 1958 [Neuausgabe Zürich 1990]

New Orleans Sketches. Hg. Carvel Collins. New Brunswick, N. J. 1958. Dt. New Orleans. Skizzen und Erzählungen. Übers. von Arno Schmidt. Stuttgart/Zürich 1962 [Neuausgabe Zürich 1991]

The Mansion. New York 1959. Dt. Das Haus. Übers. von Elisabeth Schnack. Zürich 1960 [Neuausgabe Zürich 1990]

The Reivers. A Reminiscence. New York 1962. Dt. Die Spitzbuben. Übers. von Elisabeth Schnack. Zürich 1963 [Neuausgabe Zürich 1991]

Early Prose and Poetry. Hg. Carvel Collins. Boston 1962

The Wishing Tree. New York 1967. Dt. Der Wunschbaum. Ein Märchen. Übers. von Elisabeth Schnack. Zürich 1969

Flags in the Dust. Hg. Douglas Day. New York 1974

Mayday. Hg. Carvel Collins. Notre Dame, Ind. 1976

The Marionettes. Hg. Noel Polk. Charlottesville, Va. 1977

Uncollected Stories of William Faulkner. Hg. Joseph Blotner. New York 1979. Dt. Frankie und Johnny. Uncollected Stories. Übers. von Hans Christian Oeser, Walter E. Richartz, Harry Rowohlt und Hans Wollschläger. Zürich 1992

Mississippi Poems. Oxford, Miss. 1979 [lim. Auflage]

Helen: A Courtship. Hg. Carvel Collins. Oxford, Miss. 1981

Sanctuary: The Original Text. Hg. Noel Polk. New York 1981

Elmer. Hg. Dianne L. Cox und James B. Meriwether. In: Mississippi Quarterly, 36 (1983), S. 337–460

Father Abraham. Hg. James B. Meriwether. New York 1983 [lim. Auflage]; dt. Vater Abraham. Ein Fragment. Übers. von Rudolf Hermstein. Frankfurt a. M. 1987

Vision in Spring. Hg. Judith L. Sensibar. Austin, Texas 1984

The Sound and the Fury: The Corrected Text. Hg. Noel Polk. New York 1984

William Faulkner: Novels 1930–1935. Hg. Joseph Blotner und Noel Polk. New York 1985 [As I Lay Dying; Sanctuary; Light in August; Pylon]

Absalom, Absalom! The Corrected Text. Hg. Noel Polk. New York 1986

Sanctuary: The Corrected Text. Hg. Noel Polk. New York 1987

The Sound and the Fury. An Authoritative Text, Backgrounds and Criticism. Hg. David Minter. New York 1987 [² 1994]

William Faulkner: Novels 1936–1940. Hg. Joseph Blotner und Noel Polk. New York 1990 [Absalom, Absalom!; The Unvanquished; If I Forget Thee, Jerusalem (The Wild Palms); The Hamlet]

William Faulkner: Novels 1942–1954. Hg. Joseph Blotner und Noel Polk. New York 1994 [Go Down, Moses; Intruder in the Dust; Requiem for a Nun; A Fable]

«A Rose of Lebanon». Hg. Donald Kartiganer. In: The Oxford American: A Magazine from the South. May/June 1995, S. 51–73

William Faulkner: Novels 1957–1962. Hg. Joseph Blotner und Noel Polk. New York 1999 [The Town; The Mansion; The Reivers]

William Faulkner: Mississippi, englisch-deutsch. Hg. Roland Reuß. Frankfurt a. M. 2000

3. Essays, Interviews, Gespräche, Briefe

Sherwood Anderson and Other Famous Creoles. A Gallery of Contemporary New Orleans [Zeichnungen von William Spratling, mit einem Vorwort von William Faulkner]. New Orleans 1926 [lim. Auflage]

Faulkner at Nagano. Hg. Robert A. Jelliffe. Tokio 1956

Faulkner in the University. Class Conferences at the University of Virginia, 1957–1958. Hg. Frederick L. Gwynn und Joseph Blotner. Charlottesville, Va. 1959 [Neuausgabe 1995]. Dt. Faulkner im Gespräch. Übers. von Helmut Hilzheimer, mit einer Einleitung von Erich Franzen. Stuttgart 1961

Faulkner at West Point. Hg. Joseph L. Fant und Robert Ashley. New York 1965

Essays, Speeches and Public Letters. Hg. James B. Meriwether. New York 1965

The Faulkner-Cowley File: Letters and Memories, 1944–1962. Hg. Malcolm Cowley. New York 1966

Lion in the Garden: Interviews with William Faulkner, 1926–1962. Hg. James B. Meriwether und Michael Millgate. New York 1968

Selected Letters of William Faulkner. Hg. Joseph Blotner. New York 1977. Dt. William Faulkner: Briefe. Ausgewählt und übers. von Elisabeth Schnack. Zürich 1980

Faulkner: A Comprehensive Guide to the Brodsky Collection, vol. II: The Letters. Hg. Louis Daniel Brodsky und Robert W. Hamblin. Jackson, Miss. 1984

Thinking of Home: William Faulkner's Letters to His Mother and Father, 1918–1925. Hg. James G. Watson. New York 1992

Talking about William Faulkner: Interviews with Jimmy Faulkner and Others. Hg. Sally Wolff und Floyd C. Watkins. Baton Rouge, La. 1996

Conversations with William Faulkner. Hg. M. Thomas Inge. Jackson, Miss. 1999

4. Filme und Drehbücher

Es werden nur die Filme genannt, in deren Vorspann Faulkners Name erscheint:

Today We Live. Regie Howard Hawks, Metro-Goldwyn-Mayer, 1933

The Road to Glory. Regie Howard Hawks; 20th Century-Fox, 1936

Slave Ship. Regie Tay Garnett, 20th Century-Fox, 1937

To Have and Have Not. Regie Howard Hawks, Warner Bros., 1944. Dt. Haben und Nichthaben

The Big Sleep. Regie Howard Hawks, Warner Bros., 1946. Dt. Tote schlafen fest

Land of the Pharaohs. Regie Howard Hawks, Warner Bros., 1955. Dt. Das Land der Pharaonen

An Drehbuchtexten liegen vor:

Joel Sayre und William Faulkner. The Road to Glory: A Screenplay. Carbondale, Ill. 1981

Faulkner's MGM Screenplays. Hg. Bruce F. Kawin. Knoxville, Tenn. 1982

Brodsky, Louis D. und Hamblin, Robert W. (Hg.): Faulkner: A Comprehensive Guide to the Brodsky Collection, vol. III: The De Gaulle Story. Jackson, Miss. 1984

– (Hg.): Faulkner: A Comprehensive Guide to the Brodsky Collection, vol. IV: Battle Cry. Jackson, Miss. 1985

– (Hg.): Country Lawyer and Other Stories for the Screen. Jackson, Miss. 1987

– (Hg.): Stallion Road: A Screenplay. Jackson, Miss. 1989
Yellin, David G. und Connors, Marie (Hg.): Tomorrow & Tomorrow & Tomorrow. Jackson. Miss. 1985

5. Biographien und biographische Studien

Bezzerides, A. J.: William Faulkner: A Life on Paper. Hg. Ann J. Abadie. Jackson, Miss. 1980

Blotner, Joseph: Faulkner: A Biography. New York 1974, 2 Bände

–: Faulkner: A Biography. New York 1984 [rev. ed., 1 Band]

Brodsky, Louis D:: William Faulkner: Life Glimpses. Austin, Texas 1990

Cantwell, Robert: «The Faulkners: Recollections of a Gifted Family». In: New World Writing, 2 (New York 1952), S. 300–315

Cofield, Jack: William Faulkner: The Cofield Collection. Oxford, Miss. 1978

Coughlan, Robert: «The Private World of William Faulkner». In: Life Magazine, 28. September und 5. Oktober 1953; später: New York 1954 [^{2}1972]

Cullen, John B. und Watkins, Floyd C.: Old Times in the Faulkner Country. Chapel Hill, N. C. 1961

Dain, Martin: Faulkner's Country: Yoknapatawpha. New York 1963

Dardis, Tom: Some Time in the Sun: The Hollywood Years of Fitzgerald, Faulkner, Nathanael West, Aldous Huxley, and James Agee. New York 1976

Falkner, Murry C.: The Falkners of Mississippi: A Memoir. Baton Rouge, La. 1967

Faulkner, Jim: Across the Creek: Faulkner Family Stories. Jackson, Miss. 1986

Faulkner, John: My Brother Bill: An Affectionate Reminiscence. New York 1963 [Oxford, Miss. 1975]

Franklin, Malcolm: Bitterweeds: Life with William Faulkner at Rowan Oak. Irving, Texas 1977

Gray, Richard: The Life of William Faulkner. Oxford 1994

Gresset, Michel: A Faulkner Chronology [aus dem Franz. übers. von Arthur B. Scharff]. Jackson, Miss. 1985

Haynes, Jane Isbell: William Faulkner: His Tippah County Heritage: Lands, Houses, and Businesses: Ripley, Mississippi. Columbia, S. C. 1985 [lim. Auflage]

–: William Faulkner: His Lafayette County Heritage: Lands, Houses and Businesses: Oxford, Mississippi. Columbia, S. C. 1992 [lim. Auflage]

Karl, Frederick R.: William Faulkner: American Writer. New York 1988

Minter, David: William Faulkner: His Life and Work. Baltimore 1980

Nathan, Monique: Faulkner par lui-même. Paris 1963

Oates, Stephen B.: William Faulkner: The Man and the Artist. New York 1987. Dt. William Faulkner: Sein Leben. Sein Werk. Übers. von Matthias Müller. Zürich 1990

Saporta, Mare: Les erres du faucon: une psychobiographie de William Faulkner. Paris 1989

Snell, Susan: Phil Stone of Oxford: A Vicarious Life. Athens, Ga. 1991

Taylor, Herman E.: Faulkner's Oxford: Recollections and Reflections. Nashville, Tenn. 1990

Wasson, Ben: Count No 'Count: Flashbacks to Faulkner. Oxford, Miss. 1983

Webb, James W. und Green, A. Wigfall (Hg.): William Faulkner of Oxford. Baton Rouge, La. 1965

Wilde, Meta Carpenter und Borstin, Orin: A Loving Gentleman: The Love Story of William Faulkner and Meta Carpenter. New York 1976
Williamson, Joel: William Faulkner and Southern History. New York 1993
Wittenberg, Judith B.: Faulkner: The Transfiguration of Biography. Lincoln, Neb. 1979

6. Sekundärliteratur

Adams, Richard P.: Faulkner: Myth and Motion. Princeton, N. J. 1968
Arnold, Edwin T.: Annotations to Faulkner's «Mosquitoes». New York 1989
– und Trouard, Dawn: Reading Faulkner: «Sanctuary». Jackson, Miss. 1996
Backman, Melvin: Faulkner: The Major Years. A Critical Study. Bloomington, Ind. 1966
Baker, Charles: William Faulkner's Post-Colonial South. New York/Berlin 2000
Barth, J. Robert (Hg.): Religious Perspectives in Faulkner's Fiction. Notre Dame, Ind. 1972
Bassett, John E.: Visions and Revisions: Essays on Faulkner. West Cornwall, Conn. 1989
Beck, Warren: Man in Motion: Faulkner's Trilogy. Madison, Wisc. 1961
–: Faulkner: Essays. Madison, Wisc. 1976
Bedell, George C.: Kierkegaard and Faulkner: Modalities of Existence. Baton Rouge, La. 1972
Berland, Alwyn: «Light in August»: A Study in Black and White. Boston 1992
Bleikasten, André: Faulkner's «As I Lay Dying». Bloomington, Ind. 1973
–: The Most Splendid Failure: Faulkner's «The Sound and the Fury». Bloomington, Ind. 1976
–: Parcours de Faulkner. Paris 1982
– (Hg.): William Faulkner's «The Sound and the Fury». A Critical Casebook. New York 1982
–: The Ink of Melancholy: Faulkner's Novels from «The Sound and the Fury» to «Light in August». Bloomington, Ind. 1990
–: Sanctuaire de William Faulkner. Paris 1993
Blöcker, Günter: Die neuen Wirklichkeiten. Linien und Profile der modernen Literatur. Berlin 1957
Bloom, Harold (Hg.): William Faulkner: Modern Critical Views. New York 1986
– (Hg.): William Faulkner's «Absalom, Absalom!»: Modern Critical Interpretations. New York 1987
– (Hg.)· William Faulkner's «Sanctuary»: Modern Critical Interpretations. New York 1988
– (Hg.): William Faulkner's «Light in August»: Modern Critical Interpretations. New York 1988
– (Hg.): Caddy Compson. New York 1990
Bockting, Inecke: Character and Personality in the Novels of William Faulkner: A Study in Psychostylistics. Lanham, Md. 1995
Boozer, William: William Faulkner's First Book: «The Marble Faun» Fifty Years Later. Memphis, Tenn. 1974
Bosha, Francis J.: Faulkner's «Soldiers' Pay»: A Bibliographical Study. Troy, N. Y. 1982

Brodhead, Richard H. (Hg.): Faulkner: New Perspectives. Englewood Cliffs, N. J. 1983

Brooks, Cleanth: William Faulkner: The Yoknapatawpha Country. New Haven, Conn. 1963

–: William Faulkner: Toward Yoknapatawpha and Beyond. New Haven, Conn. 1978

–: William Faulkner: First Encounters. New Haven, Conn. 1983

–: On the Prejudices, Predilections, and Firm Beliefs of William Faulkner. Baton Rouge, La. 1987

Broughton, Panthea Reid: William Faulkner: The Abstract and the Actual. Baton Rouge, La. 1974

Brown, Calvin S.: A Glossary of Faulkner's South. New Haven, Conn. 1976

Brumm, Ursula: «Geschichte und Geschehen als Erfahrung: Eine Analyse von William Faulkners ‹Absalom, Absalom!›». In: Archiv für das Studium der neueren Sprachen und Literaturen, 119 (1967), S. 26–50

Brylowski, Walter: Faulkner's Olympian Laugh: Myth in the Novels. Detroit, Mich. 1968

Budd, Louis J. und Cady, Edwin H. (Hg.): On Faulkner: The Best from American Literature. Durham, N. C. 1989

Bungert, Hans: William Faulkner und die humoristische Tradition des amerikanischen Südens. Heidelberg 1971

Buschendorf, Christa: Mit Kinderaugen: Zur Perspektivtechnik bei William Faulkner, Carson McCullers und Flannery O'Connor. Würzburg 1987

Butterworth, Keen: A Critical and Textual Study of Faulkner's «A Fable». Ann Arbor, Mich. 1983

– und Butterworth, Nancy: Annotations to Faulkner's «A Fable». New York 1990

Campbell, Harry M. und Forster, Ruel E.: William Faulkner: A Critical Appraisal. New York, 1951

Canfield, J. Douglas (Hg.): Twentieth-Century Interpretations of «Sanctuary»: A Collection of Critical Essays. Englewood Cliffs, N. J. 1982

Carey, Glenn O. (Hg.): Faulkner: The Unappeased Imagination: A Collection of Critical Essays. Troy, N. Y. 1980

Carothers, James B.: William Faulkner's Short Stories. Ann Arbor, Mich. 1985

Chabrier, Gwendolyn: Faulkner's Families: A Southern Saga. New York 1993

Christadler, Martin: Natur und Geschichte im Werk von William Faulkner. Heidelberg 1962

Clarke, Deborah: Robbing the Mother: Women in Faulkner. Jackson, Miss. 1994

Coffee, Jessie M.: Faulkner's Un-Christlike Christians: Biblical Allusions in the Novels. Ann Arbor, Mich. 1983

Coindreau, Maurice: The Time of William Faulkner: A French View of Modern American Fiction. Aus dem Franz. übers. von George M. Reeves. Columbia, S. C. 1971

Connolly, Thomas: Faulkner's World: A Directory of His People and Synopses of Actions in His Published Works. Lanham, Md. 1988

Cowan, Michael H. (Hg.): Twentieth-Century Interpretations of «The Sound and the Fury»: A Collection of Critical Essays. Englewood Cliffs, N. J. 1968

Cox, Dianne L. (Hg.): William Faulkner's «As I Lay Dying»: A Critical Casebook. New York 1985

Coy, Xavier und Gresset, Michel (Hg.): Faulkner and History. Salamanca 1986

Crane, John Kenny: The Yoknapatawpha Chronicle of Gavin Stevens. Selinsgrove, Pa. 1989

Creighton, Joanne V.: William Faulkner's Craft of Revision: «The Snopes Trilogy», «The Unvanquished» and «Go Down, Moses». Detroit, Mich. 1977

Dabney, Lewis M.: The Indians of Yoknapatawpha. Baton Rouge, La. 1974

Dasher, Thomas E.: William Faulkner's Characters: An Index to the Published and Unpublished Fiction. New York 1981

Daufenbach, Claus: Ästhetizismus und Moderne: Studien zu William Faulkners früher Prosa. Heidelberg 1990

Davis, Thadious M.: Faulkner's «Negro»: Art and the Southern Context. Baton Rouge, La. 1983

De Montauzon, Christine: Faulkner's «Absalom, Absalom!» and Interpretability: The Inexplicable Unseen. Bern 1985

Dowling, David: William Faulkner. London 1989

Doyle, Don H.: Faulkner's County: The Historical Roots of Yoknapatawpha. Chapel Hill, N. C. 2001

Duvall, John N.: Faulkner's Marginal Couple: Invisible, Outlaw, and Unspeakable. Austin, Texas 1990

– und Abadie, Ann J. (Hg.): Faulkner and Postmodernism: Faulkner and Yoknapatawpha, 1999. Jackson, Miss. 2002

Early, James: The Making of «Go Down, Moses». Dallas, Texas 1972

Engler, Bernd: «William Faulkner's ‹Absalom, Absalom!›: Five Decades of Critical Reception». In: REAL: The Yearbook of Research in English and American Literature, 5 (1987), S. 221–270

Everett, Walter K.: Faulkner's Art and Character. Woodbury N. Y. 1969

Fadiman, Regina K.: Faulkner's «Light in August»: A Description and Interpretation of the Revisions. Charlottesville, Va. 1975

–: Faulkner's «Intruder in the Dust»: Novel into Film. Knoxville, Tenn. 1978

Fayen, Tanya T.: In Search of the Latin American Faulkner. Lanham, Md. 1995

Ferguson, James: Faulkner's Short Fiction. Knoxville, Tenn. 1991

Folks, Jeffrey J.: Southern Writers and the Machine: Faulkner to Percy. New York 1994

Fowler, Doreen: Faulkner's Changing Vision: From Outrage to Affirmation. Ann Arbor, Mich. 1983

– und Abadie, Ann J. (Hg.): Fifty Years of Yoknapatawpha: Faulkner and Yoknapatawpha 1979. Jackson, Miss. 1980.

– (Hg.): «A Cosmos of My Own»: Faulkner and Yoknapatawpha 1980, Jackson, Miss. 1981

– (Hg.): Faulkner and the Southern Renaissance: Faulkner and Yoknapatawpha 1981. Jackson, Miss. 1982

– (Hg.): Faulkner: International Perspectives: Faulkner and Yoknapatawpha 1982. Jackson, Miss. 1984

– (Hg.): New Directions in Faulkner Studies: Faulkner and Yoknapatawpha 1983. Jackson, Miss. 1984

– (Hg.): Faulkner and Humor: Faulkner and Yoknapatawpha 1984. Jackson, Miss. 1986

– (Hg.): Faulkner and Women: Faulkner and Yoknapatawpha 1985. Jackson, Miss. 1986

- (Hg.): Faulkner and Race: Faulkner and Yoknapatawpha 1986. Jackson, Miss. 1987
- (Hg.): Faulkner and the Craft of Fiction: Faulkner and Yoknapatawpha 1987. Jackson, Miss. 1989
- (Hg.): Faulkner and Popular Culture: Faulkner and Yoknapatawpha 1988. Jackson, Miss. 1990
- (Hg.): Faulkner and Religion: Faulkner and Yoknapatawpha 1989. Jackson, Miss. 1991

Friedman, Alan Warren: William Faulkner. New York 1984

Gallert, Petra: «German Language Translations of Faulkner». In: Mississippi Quarterly, 35 (1982), S. 282–300

Gentsch, Günter: Faulkner zwischen Schwarz und Weiß: Betrachtungen zu Werk und Persönlichkeit des amerikanischen Nobelpreisträgers. Berlin 1983

Gladstein, Mimi R.: The Indestructible Woman in Faulkner, Hemingway, and Steinbeck. Ann Arbor, Mich. 1986

Glissant, Edouard: Faulkner: Mississippi. Heidelberg 1997

Godden, Richard: Fictions of Labor: William Faulkner and the South's Long Revolution. Cambridge 1997

Gold, Joseph: William Faulkner: A Study in Humanism: From Metaphor to Discourse. Norman, Okl. 1966

Goldman, Arnold (Hg.): Twentieth-Century Interpretations of «Absalom, Absalom!»: A Collection of Critical Essays. Englewood Cliffs, N. J. 1971

Gresset, Michel: Faulkner ou la fascination, I: Poétique du regard. Paris 1982 [Fascination: Faulkner's Fiction, 1919–1936. Adapted from the French by Thomas West. Durham, N. C. 1989]
- und Samway, Patrick (Hg.): Faulkner and Idealism: Perspectives from Paris. Jackson, Miss. 1983
- und Polk, Noel (Hg.): Intertextuality in Faulkner. Jackson, Miss. 1985
- und Ohashi, Kenzaburo (Hg.): Faulkner: After the Nobel Prize. Kioto 1987

Grimwood, Michael: Heart in Conflict: Faulkner's Struggle with Vocation. Athens, Ga. 1987

Guerard, Albert J.: The Triumph of the Novel: Dickens, Dostoevsky, Faulkner. New York 1976

Guetti, James: The Limits of Metaphor: A Study of Melville, Conrad, and Faulkner. Ithaca, N. Y. 1967

Gutting, Gabriele: Yoknapatawpha: The Function of Geography and Historical Facts in William Faulkner's Fictional Picture of the Deep South. Frankfurt a. M. 1992

Gwin, Minrose C.: The Feminine and Faulkner: Reading (Beyond) Sexual Difference. Knoxville, Tenn. 1990

Haffmans, Gerd (Hg.): Über William Faulkner. Aufsätze und Rezensionen von Malcolm Cowley bis Siegfried Lenz. Zürich 1973 [Neuausgabe 1990]

Hahn, Stephen und Hamblin, Robert W. (Hg.): Teaching Faulkner. Approaches and Methods. Westport, Conn. 2001

Hall, Constance Hill: Incest in Faulkner: A Metaphor for the Fall. Ann Arbor, Mich. 1986

Hamblin, Robert W. und Abadie, Ann J. (Hg.): Faulkner in the Twenty-First Century: Faulkner and Yoknapatawpha 2000. Jackson, Miss. 2003

Hamilton, Ian: Writers in Hollywood, 1915–1951. London 1990

Harrington, Evans und Abadie, Ann J. (Hg.): The South and Faulkner's Yokna-patawpha: The Actual and the Apocryphal. [Faulkner and Yoknapatawpha 1976]. Jackson, Miss. 1977

– (Hg.): The Maker and the Myth: Faulkner and Yoknapatawpha 1977. Jackson, Miss. 1978

– (Hg.): Faulkner, Modernism, and Film: Faulkner and Yoknapatawpha 1978. Jackson, Miss. 1979

– (Hg.): Faulkner and the Short Story: Faulkner and Yoknapatawpha 1990. Jackson, Miss. 1992

Harrington, Gary: Faulkner's Fables of Creativity: The Non-Yoknapatawpha Novels. Athens, Ga. 1990

Harrison, Robert: Aviation Lore in Faulkner. Amsterdam 1985

Henss, Herbert: William Faulkners Roman «Sartoris» als literarisches Kunst-werk. München 1964

Hines, Thomas S.: William Faulkner and the Tangible Past: The Architecture of Yoknapatawpha. Berkeley, Cal. 1996

Hinkle, James und McCoy, Robert: Reading Faulkner: «The Unvanquished». Jackson, Miss. 1995

Hlavsa, Virginia V. James: Faulkner and the Thoroughly Modern Novel. Char-lottesville, Va. 1991

Hobson, Fred C. (Hg.): Faulkner's «Absalom, Absalom!»: A Casebook. Ox-ford/New York 2003

Hönnighausen, Lothar: «Faulkner's Poetry». In: REAL: The Yearbook of Re-search in English and American Literature, 2 (1984), S. 355–369

–: William Faulkner: The Art of Stylization in His Early Graphic and Literary Work. Cambridge 1987

– (Hg.): Faulkner's Discourse: An International Symposium. Tübingen 1989

–: Faulkner: Masks and Metaphors. Jackson, Miss. 1997

Hoffman, Daniel: Faulkner's Country Matters: Folklore and Fiction in Yoknapa-tawpha. Baton Rouge, La. 1989

Hoffman, Frederick J.: William Faulkner. New York 1962 [^{2} 1966]

– und Vickery Olga W. (Hg.): William Faulkner: Three Decades of Criticism. East Lansing, Mich. 1960

Holmes, Catherine D.: Annotations to William Faulkner's «The Hamlet». New York 1996

Holmes, Edward H.: Faulkner's Twice-Told Tales: His Re-use of His Material. Den Haag 1966

Horton, Merrill: Annotations to William Faulkner's «The Town». New York 1996

Howe, Irving: William Faulkner: A Critical Study. New York 1952

Hunt, John W.: William Faulkner: Art in Theological Tension. Syracuse, N. Y. 1965

Inge, M. Thomas: Faulkner, Sut, and Other Southerners. West Cornwall, Conn. 1992

– (Hg.): The Achievement of William Faulkner: A Centennial Tribute. Ashland, Va. 1998

Irwin, John T.: Doubling and Incest/Repetition and Revenge: A Speculative Reading of Faulkner. Baltimore, Md. 1975. Expanded ed. 1996

Jehlen, Myra: Class and Character in Faulkner's South. New York 1976

Jenkins, Lee C.: Faulkner and Black-White Relations: A Psychoanalytic Approach. New York 1981

Johnson, Susie P.: Annotations to Faulkner's «Pylon». New York 1989

Jones, Diane Brown: A Reader's Guide to the Short Stories of William Faulkner. New York 1994

Kaluza, Irena: The Functioning of Sentence Structure in the Stream-of-Consciousness Technique of William Faulkner's «The Sound and the Fury». Krakau 1967

Kartiganer, Donald M.: The Fragile Thread: The Meaning of Form in Faulkner's Novels. Amherst, Mass. 1979

Kartiganer, Donald M. und Abadie, Ann J. (Hg.): Faulkner and Psychology: Faulkner and Yoknapatawpha 1991. Jackson, Miss. 1994

– (Hg.): Faulkner and Ideology: Faulkner and Yoknapatawpha 1992. Jackson, Miss. 1995

– (Hg.): Faulkner and the Artist: Faulkner and Yoknapatawpha 1993. Jackson, Miss. 1996

– (Hg.): Faulkner and Gender: Faulkner and Yoknapatawpha 1994. Jackson, Miss. 1996

– (Hg.): Faulkner in Cultural Context: Faulkner and Yoknapatawpha 1995. Jackson, Miss. 1997

– (Hg.): Faulkner and the Natural World: Faulkner and Yoknapatawpha 1998. Jackson, Miss. 1999

– (Hg.): Faulkner at 100: Retrospect and Prospect. Faulkner and Yoknapatawpha 1997. Jackson, Miss. 2000

Kawin, Bruce F.: Faulkner and Film. New York 1977

Keating, Bern: Faulkner's Seacoast of Bohemia. Memphis, Tenn. 1989

Kerr, Elizabeth M.: Yoknapatawpha: Faulkner's ‹Little Postage Stamp of Native Soil›. New York 1969

–: William Faulkner's Gothic Domain. Port Washington, N. Y. 1979

–: William Faulkner's Yoknapatawpha: A Kind of Keystone in the Universe. New York 1983

Kim, Wook-Dong: The Edge of Nothing: An Existentialist Reading of William Faulkner. Seoul 1987

Kindermann, Wolf: Analyse und Synthese im Werk William Faulkners. Generation und ‹community› in der Entwicklung seines Denkens. Frankfurt a. M. 1984

Kinney, Arthur F.: Faulkner's Narrative Poetics: Style as Vision. Amherst, Mass. 1978

– (Hg.): Critical Essays on William Faulkner: The Compson Family. Boston 1982

– (Hg.): Critical Essays on William Faulkner: The Sartoris Family. Boston 1985

– (Hg.): Critical Essays on William Faulkner: The McCaslin Family. Boston 1990

– (Hg.): Critical Essays on William Faulkner: The Sutpen Family. Boston 1996

–: «Go Down, Moses»: The Miscegenation of Time. New York 1996

Kirk, Robert W. und Klotz, Marvin: Faulkner's People: A Complete Guide and Index to Characters in the Fiction of William Faulkner. Berkeley, Cal. 1963

Kolmerten, Carol A., Ross, Stephen M. und Wittenberg, Judith Bryant (Hg.): Unflinching Gaze: Morrison and Faulkner Re-Envisioned. Jackson, Miss. 1997

Kreiswirth, Martin: William Faulkner: The Making of a Novelist. Athens, Ga. 1983

Kuyk, Dirk Jr.: Threads Cable Strong: William Faulkner's «Go Down, Moses». Lewisburg, Pa. 1983

–: Sutpen's Design: Interpreting Faulkner's «Absalom, Absalom!» Charlottesville, Va. 1990

Ladd, Barbara: Nationalism and the Color Line in George W. Cable, Mark Twain, and William Faulkner. Baton Rouge, La. 1996

LaLonde, Christopher A.: William Faulkner and the Rites of Passage. Macon, Ga. 1995

Leary, Lewis: William Faulkner of Yoknapatawpha. New York 1973

Lee, A. Robert (Hg.): William Faulkner: The Yoknapatawpha Fiction. London/New York 1990

Lettau, Ernst Ulrik: Faulkners «Intruder in the Dust»: Argumente für eine kritische Würdigung. Frankfurt a. M. 1979

Levins, Lynn G.: Faulkner's Heroic Design: The Yoknapatawpha Novels. Athens, Ga. 1976

Lockyer, Judith: Ordered by Words: Language and Narration in the Novels of William Faulkner. Carbondale, Ill. 1991

Lombardo, Agostino (Hg.): The Artist and His Masks: William Faulkner's Metafiction. Rom 1991

Longley, John L.: The Tragic Mask: A Study of William Faulkner's Heroes. Chapel Hill, N. C. 1963

Luce, Dianne C.: Annotations to Faulkner's «As I Lay Dying». New York 1990

Malin, Irving: William Faulkner: An Interpretation. Stanford, Cal. 1957

Matter-Seibel, Sabina: Der Süden im Spätwerk Faulkners. Frankfurt a. M. 1992

Matthews, John T.: The Play of Faulkner's Language. Ithaca, N. Y. 1982

–: «The Sound and the Fury»: Faulkner and the Lost Cause. Boston 1991

McDaniel, Linda: Annotations to Faulkner's «Flags in the Dust». New York 1991

McHaney, Thomas L.: William Faulkner's «The Wild Palms»: A Study. Jackson, Miss. 1975

McKee, Patricia: Producing American Races: Henry James, William Faulkner, Toni Morrison. Durham, N. C. 1999

Meindl, Dieter: Bewußtsein als Schicksal: Zur Struktur und Entstehung von Faulkners Generationenromanen. Stuttgart 1974

Meriwether, James: A Faulkner Miscellany. Jackson, Miss. 1974

Millgate, Michael: William Faulkner. London 1961

–: The Achievement of William Faulkner. New York 1966 [Athens, Ga. 1989]

– (Hg.): New Essays on «Light in August». Cambridge 1987

Miner, Ward L.: The World of William Faulkner. New York 1952

Minter, David (Hg.): Twentieth-Century Interpretations of «Light in August»: A Collection of Critical Essays. Englewood Cliffs, N. J. 1969

Moreland, Richard C.: Faulkner and Modernism: Rereading and Rewriting. Madison, Wisc. 1990

Morris, Wesley: Friday's Footprint: Structuralism and the Articulated Text. Columbus, Ohio 1979

– und Morris, Barbara Alverson: Reading Faulkner. Madison, Wisc. 1989

Mortimer, Gail L.: Faulkner's Rhetoric of Loss: A Study in Perception and Meaning. Austin, Texas 1983

Muhlenfeld, Elisabeth (Hg.): William Faulkner's «Absalom, Absalom!»: A Critical Casebook. New York 1984

Nilon, Charles H.: Faulkner and the Negro. New York 1965

Nordanberg, Thomas: Cataclysm as Catalyst: The Theme of War in Faulkner's Fiction. Stockholm 1983

O'Connor, William Van: The Tangled Fire of William Faulkner. Minneapolis, Minn. 1954

O'Donnell, Patrick: Echo Chambers: Figuring Voice in Modern Narrative. Iowa City, Iowa 1992

Ohashi, Kenzaburo und Ono, Kiyoyuki (Hg.).: Faulkner Studies in Japan. Bearbeitet von Thomas L. McHaney. Athens, Ga. 1985

Page, Sally: Faulkner's Women: Characterization and Meaning. Deland, Fla. 1972

Parker, Robert Dale: Faulkner and the Novelistic Imagination. Urbana, Ill. 1985

–: «Absalom, Absalom»: The Ouestioning of Fictions. Boston 1991

Pearce, Richard: The Politics of Narration: James Joyce, William Faulkner, and Virginia Woolf. New Brunswick, N. J. 1990

Peavy, Charles D.: Go Slow Now: Faulkner and the Race Question. Eugene, Oreg. 1964

Peper, Jürgen: Bewußtseinslagen des Erzählens und erzählte Wirklichkeiten. Dargestellt am Beispiel des amerikanischen Romans des 19. und 20. Jahrhundorts, insbesondere am Werk William Faulkners. Leiden 1966

Peters, Erskine: William Faulkner: The Yoknapatawpha World and Black Being. Darby, Pa. 1983

Phillips, Gene D.: Fiction, Film, and Faulkner: The Art of Adaptation. Knoxville, Tenn. 1988

Pikoulis, John: The Art of William Faulkner. London 1982

Pilkington, John: The Heart of Yoknapatawpha. Jackson, Miss. 1981

Pitavy, François: Faulkner's «Light in August». Aus dem Franz. übers. von Gillian E. Cook. Bloomington, Ind. 1973

– (Hg.): William Faulkner's «Light in August»: A Critical Casebook. New York 1982

Polk, Noel: Faulkner's «Requiem for a Nun»: A Critical Study. Bloomington, Ind. 1981

– (Hg.): New Essays on «The Sound and the Fury». Cambridge 1993

–: Children of the Dark House: Text and Context in Faulkner. Jackson, Miss. 1996

Porter, Carolyn: Seeing and Being: The Plight of the Participant Observer in Emerson, James, Adams, and Faulkner. Middletown, Conn. 1981

Pothier, Jacques: William Faulkner: Essayer de tout dire. Paris 2003

Powers, Lyall H.: Faulkner's Yoknapatawpha Comedy. Ann Arbor, Mich. 1980

Putzel, Max: Genius of Place: William Faulkner's Triumphant Beginnings. Baton Rouge, La. 1985

Rabbetts, John: From Hardy to Faulkner: Wessex to Yoknapatawpha. London 1989

Ragan, David Paul: Faulkner's «Absalom, Absalom!»: A Critical Study. Ann Arbor, Mich. 1987

–: Annotations to William Faulkner's «Absalom, Absalom!». New York 1991

Railey, Kevin: Natural Aristocracy: History, Ideology, and the Production of William Faulkner. Tuscaloosa, 1999

Reed, Joseph W.: Faulkner's Narrative. New Haven, Conn. 1973

–: Three American Originals: John Ford, William Faulkner, and Charles Ives. Middletown, Conn. 1984

Reesman, Jeanne Campbell: American Designs. The Late Novels of James and Faulkner. Philadelphia, Pa. 1991

Richardson, H. Edward: William Faulkner: The Journey to Self-Discovery. Columbia, Mo. 1969

Richardson, Kenneth: Force and Faith in the Novels of William Faulkner. Den Haag 1967

Rio-Jelliffe, R.: Obscurity's Myriad Components: The Theory and Practice of William Faulkner. Lewisburg, Pa. 2001

Roberts, Diane: Faulkner and Southern Womanhood. Athens, Ga. 1994

Rollyson, Carl E. Jr.: Uses of the Past in the Novels of William Faulkner. Ann Arbor, Mich. 1984

Ross, Stephen M.: Fiction's Inexhaustible Voice: Speech and Writing in Faulkner. Athens, Ga. 1989

– und Polk, Noel: Reading Faulkner: «The Sound and the Fury». Jackson, Miss. 1996

Rouberol, Jean: L'esprit du sud dans l'œuvre de Faulkner. Paris 1982

Rousselle, Melinda M.: Annotations to Faulkner's «Sanctuary». New York 1989

Runyan, Harry: A Faulkner Glossary. New York 1964

Ruppersburg, Hugh M.: Voice and Eye in Faulkner's Fiction. Athens, Ga. 1983

–: Reading Faulkner: «Light in August». Glossary and Commentary. Jackson, Miss. 1994

Ruzicka, William T.: Faulkner's Fictive Architecture: The Meaning of Place in the Yoknapatawpha Novels. Ann Arbor, Mich. 1987

Samway Patrick H., S. J.: Faulkner's «Intruder in the Dust»: A Critical Study of the Typescripts. Troy N. Y. 1980

Schmitter, Dean Morgan (Hg.): William Faulkner: A Collection of Criticism. New York 1973

Schoenberg, Estella: Old Tales and Talking: Quentin Compson in William Faulkner's «Absalom, Absalom!» and Related Works. Jackson, Miss. 1977

Schreiber, Evelyn Jaffe: Subversive Voices: Eroticizing the Other in William Faulkner and Toni Morrison. Knoxville, Tenn. 2001

Schwartz, Lawrence H.: Creating Faulkner's Reputation: The Politics of Modern Literary Criticism. Knoxville, Tenn. 1988

Sensibar, Judith L.: The Origins of Faulkner's Art. Austin, Texas 1984

Serafin, Joan M.: Faulkner's Use of the Classics. Ann Arbor, Mich. 1983

Seyppel, Joachim: William Faulkner. Berlin 1962 [New York 1971]

Singal, Daniel J.: William Faulkner: The Making of a Modernist. Chapel Hill, N. C. 1997

Skei, Hans H.: William Faulkner: The Short Story Career. An Outline of Faulkner's Short Story Writing from 1919–1962. Oslo 1981

–: William Faulkner: The Novelist as Short Story Writer. Oslo 1985

– (Hg.): William Faulkner's Short Fiction: An International Symposium. Oslo 1997

–: Reading Faulkner's Best Short Stories. Columbia, S. C. 1999

Slatoff, Walter: Quest for Failure: A Study of William Faulkner. Ithaca, N. Y. 1960

Smart, George K.: Religious Elements in Faulkner's Early Novels: A Selective Concordance. Coral Gables, Fla. 1965

Snead, James A.: Figures of Division: William Faulkner's Major Novels. New York 1986

Stonum, Gary L.: Faulkner's Career: An Internal Literary History. Ithaca, N. Y. 1979

Straumann, Heinrich: William Faulkner. Frankfurt a. M. 1968

Sundquist, Eric J.: Faulkner: The House Divided. Baltimore, Md. 1983

Swiggart, Peter: The Art of Faulkner's Novels. Austin, Texas 1962

Swisher, Clarice (Hg.): Readings on William Faulkner. San Diego 1998

Sykes, John: The Romance of Innocence and the Myth of History: Faulkner's Religious Critique of Southern Culture. Macon, Ga. 1989

Taylor, Nancy Drew: Annotations to Faulkner's «Go Down, Moses». New York 1993

Taylor, Walter: Faulkner's Search for a South. Urbana, Ill. 1983

Tokizane, Sanae: Faulkner and/or Writing: Ort «Absalom, Absalom!» Tokio 1986

Toolan, Michael: The Stylistics of Fiction: A Literary-Linguistic Approach. New York 1990

Towner, Teresa M.: Faulkner on the Color Line: The Later Novels. Jackson, Miss. 2000

Tuck, Dorothy: A Handbook of Faulkner. London 1965

Ulich, Michaela: Perspektive und Erzählstruktur in William Faulkners Romanen von «The Sound and the Fury» bis «Intruder in the Dust». Heidelberg 1972

Urgo, Joseph R.: Faulkner's Apocrypha: «A Fable», «Snopes», and the Spirit of Human Rebellion. Jackson, Miss. 1989

– und Abadie, Ann J. (Hg): Faulkner in America: Faulkner and Yoknapatawpha 1998. Jackson, Miss. 2001

Utley, Francis Lee, Bloom, Lynn Z. und Kinney, Arthur F.: Bear, Man, and God: Eight Approaches to «The Bear». New York [2] 1971

Vanderwerken, David L.: Faulkner's Literary Children. New York/Berlin 1997

Vickery, Olga W.: The Novels of William Faulkner: A Critical Interpretation. Baton Rouge, La., rev. ed. 1964

Visser, Irene: Compassion in Faulkner's Fiction. Lewistown, N. Y. 1996

Volpe, Edmund L.: A Reader's Guide to William Faulkner. New York 1964

Wadlington, Warwick: Reading Faulknerian Tragedy. Ithaca, N. Y. 1987

–: «As I Lay Dying»: Stories Out Of Stories. New York 1992

Waegner, Cathy: Recollection and Discovery: The Rhetoric of Character in Faulkner's Novels. Bern 1983

Waggoner, Hyatt H.: William Faulkner: From Jefferson to the World. Lexington, Ky. 1959

Wagner, Linda W. (Hg.): William Faulkner: Four Decades of Criticism. East Lansing, Mich. 1973

Wagner-Martin, Linda (Hg.): New Essays on «Go Down, Moses». Cambridge 1996

– (Hg.): William Faulkner: Six Decades of Criticism. East Lansing, Mich. 2002

Warren, Robert Penn (Hg.): Faulkner: A Collection of Critical Essays. Englewood Cliffs, N. J. 1966

Watson, James Gray: The Snopes Dilemma: Faulkner's Trilogy. Coral Gables, Fla. 1968

–: William Faulkner: Letters and Fictions. Austin, Texas 1987

–: William Faulkner: Self-Presentation and Performance. Austin, Texas 2001
Watson, Jay: Forensic Fictions: The Lawyer Figure in Faulkner. Athens, Ga. 1993
Weber, Robert: Die Aussage der Form: Zur Textur und Struktur des Bewußt-seinsromans. Dargestellt an William Faulkners «The Sound and the Fury». Heidelberg 1969
Weinstein, Philip M.: Faulkner's Subject: A Cosmos No One Owns. Cambridge 1992
– (Hg.): The Cambridge Companion to William Faulkner. Cambridge 1995
–: What Else But Love? The Ordeal of Race in Faulkner and Morrison. New York 1996
Weisgerber, Jean: Faulkner et Dostoievski: Confluences et Influences. Brüssel 1968
Williams, David: Faulkner's Women: The Myth and the Muse. Metuchen, N. J. 1977
Wolfe, George H. (Hg.): Faulkner: Fifty Years After «The Marble Faun». University Ala. 1976
Woodworth, Stanley D.: William Faulkner en France (1931–1952). Paris 1959
Wright, Austin M.: Recalcitrance, Faulkner, and the Professors: A Critical Fiction. Iowa City, Ia 1990
Yonce, Margaret: Annotations to Faulkner's «Soldiers' Pay». New York 1989
Zacharasiewicz, Waldemar (Hg.): Faulkner, His Contemporaries, and His Posterity. Tübingen 1993
Zender, Karl F.: The Crossing of the Ways: William Faulkner, the South, and the Modern World. New Brunswick, N. J. 1989
–: Faulkner and the Politics of Reading. Baton Rouge, La. 2002
Ziegler, Heide: Die existentielle Erzählweise als Strukturprinzip kurzen Erzählens: Das Komische, Tragische, Groteske und Mythische in William Faulkners Short Stories. Stuttgart 1977
Zindel, Edith: William Faulkner in den deutschsprachigen Ländern Europas: Untersuchungen zur Aufnahme seiner Werke nach 1945. Hamburg 1972
Zorzi, Rosella Mamoli und Maserio Marcolin, Pia (Hg.): Faulkner in Venice. Venedig, 2000

7. Filme

William Faulkner. The Writer in America Series, Omnibus Productions 1952
Faulkner's Mississippi: Land Into Legend. The University of Mississippi Department of Educational Film Production. Oxford, Miss. 1965
William Faulkner. A Life on Paper. Mississippi Educational Television. Jackson, Miss. 1979

Nachbemerkung

Bei der Fertigstellung des vorliegenden Bandes ist mir von vielen Seiten in freundlicher Weise geholfen worden. Ich danke Joseph Blotner für seine Freundschaft und Hilfsbereitschaft; Joan St. Crane und den Mitarbeitern der Alderman Library an der Universität von Virginia für Anregungen und Auskünfte sowie für die Möglichkeit, in der Faulkner Collection arbeiten zu können, Larry Wells und Dean Faulkner Wells für ihre Gastfreundschaft, ihren Rat und ihre großzügige Unterstützung bei der Beschaffung von Bildmaterial, Günter Baumann für die freundliche Überlassung schwer erhältlicher Literatur und zahlreicher Bilder. Mein besonderer Dank für ihre Hilfe, ihre vielen Anregungen und Ratschläge bei der Abfassung des Manuskripts gilt Karen Baasch (†) und Helmuth Nürnberger. Thomas L. McHaney und Noel Polk danke ich für zahlreiche bibliographische Hinweise, die in der überarbeiteten Bibliographie berücksichtigt worden sind.

Namenregister

Die kursiv gesetzten Zahlen bezeichnen die Abbildungen

Über den Autor

Peter Nicolaisen, Professor (em.) an der Universität Flensburg. Veröffentlichungen über Edward Taylor, Ernest Hemingway, William Faulkner, die Literatur der amerikanischen Südstaaten. Für rowohlts monographien schrieb er die Bände über Joseph Conrad (rm 384) und Thomas Jefferson (rm 405).

Quellennachweis der Abbildungen